육아맘,
라이브 커머스로
월 천 버는 법

육아맘, 라이브 커머스로 월 천 버는 법

체크인 김지혜 & **체크아웃** 이와정 지음

꿈의지도

지혜's 프롤로그 ————

서른 살 훌쩍 넘기면서도 여태껏 내가 책을 쓰게 되리라는 예상은 단 한 번도 해본 적이 없었다. 책을 쓴다는 것은 뭔가 특출난 사람들이나 하는 특별한 일이라 여겼다. 그래서 그런지 첫 책을 마무리하는 지금까지도 믿기지 않고 신기하다. 하지만 기쁨 못지않게 책임감이 훨씬 크다. 이 책을 통해 라이브 커머스를 접하고 새로운 꿈을 꾸게 될 독자들을 떠올리니 한 문장 한 문장 조심스럽고 허투루 하기 어렵다.

이 책에는 라이브 커머스에 대한 정보를 담기도 했지만, 누구나 열정과 의지만 있다면 멋지게 제2의 인생을 살 수 있다는 희망을 담고 싶은 마음이 컸다. 특별한 사람, 특수한 직종의 사람만이 하는 일이 아닌 누구나 할 수 있는 일!! 지금 이 책을 펼친 당신도 라이브 커머스에 도전하고 성공할 수 있다는 것을 꼭 말해주고 싶다. 방송 경험 1도 없던 나도 했다. 평범하기 그지없던 나도 라방으로 돈을 벌고 책을 쓰지 않는가! 당신이라고 못할 이유가 없다. 어린 아이 둘 데리고 맨땅에 헤딩하듯 일을 시작한 내 경험담이 비슷한 상황에서 일을 하고자 하는 많은 사람들에게 용기를 줄 수 있다면 더할 나위 없이 행복하겠다.

나의 성장이 나 혼자만의 힘으로 만들어졌다고 생각하지 않는다. 가족의 도움이 있었기에 한 발 한 발 앞으로 나아갈 수 있었다. 밤 방송이 있을 때마다 무조건 모든 약속을 취소하고 내 스케줄에 따라 아이들 케어며 집안 살림까지 헌신적으로 뒷받침해주셨던 엄마에게 감사드린다. 연년생 육아에 허덕이던 딸의 모습을 늘 안타깝게 지켜보셨던 엄마. 든든한 지원자가 되어주신 엄마 덕분에 용기 낼 수 있었다.

"그래. 이게 우리 딸이지! 넌 원래부터 똑똑하고 야무진 사람이야. 그러니 뭐든 잘 해낼 거야!"

내가 흔들릴 때마다 격려와 응원을 넘치게 주신 엄마에게 이 책을 안겨드리고 싶다.

그리고 또 한 사람!

집에 가만히 있지 못하는 나와 정반대의 성향을 가진 사람. 남편에게도 꼭 감사를 전하고 싶다. 내 일은 남편이 하는 사업과 공통점이 하나도 없다. 서로 전혀 다른 직군이라 상대의 일에 대해 충분히 공감하기는 어렵지만, 남편은 나에게 늘 최후의 보루다. 혼자 어찌할 수 없는 상황에 처할 때마다 그의 묵묵한 응원이 등 뒤에서 나를 버텨주고 있음을 진하게 느낀다. 가족들의 도움이 없었다면 몇 배는 더 힘들었을 것이다. 더 큰 도전과 빛나는 결과로 그 감사함에 보답하겠다. ♥

라이브 커머스 쇼호스트를 준비하려는 사람들, 경력이 단절된 주부들에게 전하고 싶은 이야기를 이 책에 녹여냈다. 일하는 육아맘으로서 내가 가장 많이 듣는 질문 중 하나는 "왜 이렇게 열심히 일을 하냐?"는 것이다. 이 질문 속에는 '남편이 돈 버는데 굳이 이렇게까지 힘들게 일할 필요가 있냐?'는 말이 숨어 있다고 느낀다. 책을 내며 꼭 말하고 싶었다. 나에게 일은 세상과 소통하는 통로이자 자존감을 잃지 않는 버팀목이라고.

결혼 후 출산의 과정을 겪으며 많은 여성들이 일을 포기한다. 아이들이 24시간 엄마의 손길이 필요한 때는 아주 잠깐이지만, 자의든 타의든 일을 포기할 수밖에 없는 상황에 내몰리게 된다. '어느 정도 애 키워놓고 다시 일하면 되지.'라고 단순하게 생각할 수도 있지만 때를 놓치면 결코 쉽지 않다.

아이가 어린이집이라도 가고 나면 꽤 많은 엄마들이 일자리를 찾는다. 하지만 막상 집 밖으로 나가는 것이 두렵기도 하고, '내가 할 수 있는 일이 과연 있을까? 그냥 여기에 안주해버릴까?' 심한 내적 갈등을 겪기도 한다.

그런 순간이 왔을 때 라이브 커머스라는 새로운 분야가 있음을 떠올려보면 좋겠다. 시장의 축이 변하고 있다는 것을 알고 도전했으면 좋겠다. 본인이 일을 하기 싫어서 안 하는 거야 상관없지만 한 아이의 엄마이고 누군가의 아내이기 때문에 어쩔 수 없다며 스스로 일을 포기하지는 말자. 희생을 당연히 여기며 안주하지는 말자. 이 책은 육아맘들의 꿈과 용기에 관한 책이기도 하다.

내가 행복해야 아이도 행복할 수 있고 내가 꾸린 가정도 행복할 수 있다. 일은 나의 존재감을 확인시켜주고 자존감을 커나가게 하는 씨앗이다. 파트 타임의 일이든, 프리랜서든 일의 사이즈나 돈의 액수보다 중요한 건 일 그 자체가 가지고 있는 생산성이다. 그 생산성이 나 자신을 쓸모 있는 사람이라 여기게 해줄 것이다, 틀림없이!

요즘 난 하루하루 눈코 뜰 새 없이 바쁘지만 참 행복하다. 일로 인정받는 순간 행복하고, 스스로 가치있게 느껴져서 자신을 더 사랑하게 된다. 새로운 인생은 새로운 사람을 만나는 데서 시작한다는 말이 있다. 독자들에게 이 책이 삶을 바꾸는 터닝포인트가 되길 바란다.

인생에서 만난 큰 귀인. 마음을 결정하고 책을 내기까지 옆에서 도와주신 반얀트리 박준용 팀장님께 존경과 감사의 인사를 전한다. 나의 친정과도 같은 마리끌레르! 라이브 커머스 여신이라는 타이틀을 만들어주시고 쑥쑥 성장할 수 있게 도와주신 마리끌레르 가족분들에게도 감사의 인사를 드린다. 마지막으로 내 인생 최고의 선택이었던 남편. 항상 나를 존중해주고 나의 울타리가 되어주는 남편이 있었기에 지금까지 올수 있었다. 아이를 키우며 제2의 전성기를 펼칠 수 있게 도와준 사랑하는 나의 남편에게 이 기회를 빌어 다시 한번 고맙다는 말을 전한다. ♥

차례

프롤로그 ⋯⋯ 010

1부 ♥ Story_ 작은 시작

지혜's 스토리 ⋯⋯ 016

'프로 열정러'에서 '그냥 평범러'가 된 날들 ⋯⋯ 017

쇼호스트 아카데미라고? ⋯⋯ 021

쿠쿠전자는 사랑입니다 ⋯⋯ 023

공동구매는 첫 라방 전 징검다리 ⋯⋯ 026

두드려라, 열릴 것이다 ⋯⋯ 030

다시 쓰는 포트폴리오 ⋯⋯ 033

와정's 스토리 ⋯⋯ 038

본캐는 뉴스 아나운서입니다만 ⋯⋯ 039

옆집 언니의 재발견 ⋯⋯ 044

와정 아나운서, 라이브 커머스 진행자로 재탄생하다 ⋯⋯ 048

우리는 원팀 ⋯⋯ 052

체크인 체크아웃, 완판 신화를 쓰다 ⋯⋯ 056

지혜와 와정, 첫 라방 찐 후기 ⋯⋯ 057

기회는 또 다른 기회를 낳는다 ⋯⋯ 060

라방으로 최고의 매출을 올려드립니다 ⋯⋯ 065

2부 ♥ Start_라이브 커머스는 처음이에요

라이브 커머스 방송이 뭔가요? ⋯⋯ 070

유통업계 대세가 된 라방 ⋯⋯ 071

헷갈리는 용어부터 차근차근 ⋯⋯ 074

요즘 잘나가는 라이브 커머스 플랫폼은 뭘까? ⋯⋯ 079

중국 왕홍이 온다_쇼핑 판도 대격변 ⋯⋯ 083

라이브 커머스에서 쇼호스트란? ⋯⋯ 085

모바일 쇼호스트의 첫걸음 ⋯⋯ 088

개인 SNS를 통한 셀러, 꼭 인플루언서여야만 할까? ⋯⋯ 089

쇼호스트 아카데미, 꼭 다녀야 할까? ⋯⋯ 092

누가 나를 써줄까, 대행사 문 두드리기 ⋯⋯ 094

무엇을 팔 것인가 ⋯⋯ 098

브랜드 업체를 끝까지 만족시켜라 ⋯⋯ 101

라방이 돈이 된다고요? ⋯⋯ 106

돈 잘 버는 쇼호스트만의 비책 ⋯⋯ 107

팁을 드리자면 ⋯⋯ 114

라방으로 돈이 몰리는 이유 ⋯⋯ 115

3부 ♥ Smart_상위 1% 모바일 쇼호스트가 되는 개인 브랜딩 노하우

개인 브랜딩이 뭘까? ⋯⋯ 120

브랜딩의 시작은 나를 아는 것부터 ⋯⋯ 121

이미지 만들기는 진정성이 좌우한다 ······ 124

한 분야의 전문가가 돼라 ······ 127

캐릭터 설정의 힘 ······ 132

한 번을 봐도 기억나게 ······ 133

팬덤이 새로운 소비문화를 만든다 ······ 136

케미를 살려줄 파트너를 찾아라 ······ 140

나에게 맞는 주력 카테고리를 찾자 ······ 144

4부 ♥ Skill_라방 기본기

진행 포인트 체크업 ······ 150

쇼호스트는 랜선 구매자들의 아바타 ······ 151

멘트도 브랜드다 ······ 156

핸들링(보여주기), 동선, 의상과 메이크업까지 일당백 ······ 161

큐시트가 방송의 질을 말해준다 ······ 168

셀링 포인트 체크업 ······ 170

소구점을 잡아라 ······ 171

제품은 언제나 최상의 상태를 만들어라 ······ 174

쇼호스트는 큐레이터이자 이벤트 기획자 ······ 177

5부 ♥ Summary_기억해야 할 핵심 포인트

영업력 ······ 184

선택당하지 말고 선택하라 ······ 185

신뢰성 ······ 188
쇼호스트의 신뢰성이 곧 매출이다 ······ 189

소통력 ······ 192
실시간 쌍방향을 극대화하라 ······ 193

정보력 ······ 198
제품을 알면 백전백승 ······ 199

Q & A ······ 202
A_Academy ······ 203
B_Brand ······ 205
C_Connect ······ 206
D_Demand ······ 209
E_Experience ······ 210
F_Face & Fact ······ 215
G_Gather ······ 216

6부 ♥ Special_돈 벌고 싶은 육아맘에게

용기에 관하여 ······ 222
슈퍼우먼은 없다 ······ 223
일하는 엄마에게 늘 닥치는 비상상황 ······ 226
라이브 커머스, 그 무한한 블루오션 ······ 229

꿈에 대하여 ······ 234
독박육아 때문에 시도조차 못한 채 망설이고 있다면 ······ 235
날부와 배노를 바꾸는 것은 ······ 238
누군가의 롤모델이 된다는 것 ······ 240

1부

Story

–

작은 시작

지혜's Story

'프로 열정러'에서 '그냥 평범러'가 된 날들

법과대학 법학과를 나왔다. 20대 후반 비교적 젊은 나이에 한 로펌에서 사무장도 달았다. 하고 싶은 건 많고 겁은 없는 프로 열정러였다. 로펌 전에는 잠깐이지만 보험회사에서 영업일을 하기도 했다. VIP 고객들을 대상으로 자산운용을 하는 곳이었다. 사무실에 가만히 앉아 주어진 업무만 하면 되는 게 아니었다. 직접 발로 뛰고 사람을 만나며 스스로 헤쳐나가야 했다. 힘든 일도 많았지만 힘든 만큼 성취도 컸고 맨몸으로 부딪히면서 얻는 것도 많았다. 그렇게 차곡차곡 경력을 쌓아가며 더 높은 사회적 성과를 위해 꾸준히 도약해가면 좋았으련만!

뭐가 좀 이루어질 만하면 늘 시험에 빠진다. 인생이 원래 그런 건지! 서른을 코앞에 둔 시점부터 개인적으로 힘든 일이 겹쳤고, 고민도 많아졌다. 모든 것에서 손을 놓고 싶었고, 어딘가로 떠나고 싶기도 했다. 여행을 갈까, 워킹홀리데이를 갈까 하다가 결혼을 결정했다. 나를 공주님이라고 부르던 지금의 남편을 만나게 되었다. 힘든 시기였던 터라 남편이 의지가 많이 됐다. 물론 쉬운 결정은 아니었고 즉흥적인 결정도 아니었다. 하지만 다시 돌아간다면 더 다양한 경험을 하며 열정을 불태우고 싶다. 결혼이 조금 늦어지더라도.

대학 졸업 후 7~8년을 쉬지 않고 일하다 보면 대부분의 여자 사람들은 어느 순간 일과 결혼의 양립에 대해 대혼란을 겪게 된다.

'비혼주의가 아니라면 언젠가는 결혼을 해야 하지 않을까? 어차피 할 결혼이라면 적령기를 놓치지 않고 하는 게 낫지 않을까? 결혼한 뒤에도 얼마든지 일을 할 수 있지 않을까?'

아무리 야무지고 일 잘하는 '프로 열정러'라도 결혼이라는 주제 앞에서는 갈팡질팡하게 된다. 요리조리 재고 따져보아도 쉽사리 결론이 나지 않는다. 그래도 나름 나의 미래에 대해 심사숙고했다. 그러나 인생이라는 건 신중하게 고민했다고 해서 신중하게 뜻한 바를 이룰 수 있도록 호락호락 만만하게 굴러가 주지는 않는다. 어떤 상황이 파도처럼 닥치면 나도 모르게 그 파도에 떠밀려 어디론가 흘러가게 된다. 눈을 감았다 떠보니, 나는 이미 유부녀가 되어 있었다. 내 나이 서른한 살의 일이었다.

더 믿기지 않는 현실은 뜻밖에도 '허니문 베이비'라는 엄청난 선물을 받게 되었다는 거다. 3월에 결혼해서 12월에 큰아이를 출산했다. 그리고 놀랍게도 다시 연년생 둘째를 임신하게 되었다. 내 인생에서 벌어지게 될 일이라고는 단 한 번도 생각해본 적이 없었던 시나리오였다. 당황스럽다 못해 기가 막힐 노릇이었다. 더

군다나 둘째는 조산으로 인해 예정일보다 빨리 출산했다. 큰아이와 작은아이는 희귀하게도 단 10개월 차이의 연년생이 되었다. 쌍둥이보다 힘들다는 연년생 육아의 헬게이트가 열린 것이다. 꿈 많은 프로 열정러였던 내가 육아지옥에 빠지고야 말았다. 연년생 육아는 그야말로 전쟁이었다.

매일매일 2~3시간 정도 쪽잠을 자야 했고, 밥 한 번 편히 앉아서 먹기 어려웠다. 수면 부족과 계속되는 스트레스로 결국 폐에 물이 찼다. 호흡곤란이 오는 긴급한 상황도 여러 번 겪었다. 몸과 마음이 지칠 대로 지쳐갈수록 남편과의 갈등도 잦아졌다. 남편이 사업으로 바빠 퇴근이 늦어질 때면 혼자 아이들을 재워야 하는 시간이 공포스러울 정도로 두려웠다. 돌도 안 된 아기 두 명을 동시에 재워야 하는 상황은 감당하기가 어려웠다. 한 명은 앞으로 아기띠를, 다른 한 명은 등 뒤에 포대기로 업고서 몇 시간을 서성여야 했던 날들. 아기들과 같이 나도 주저앉아 울고 싶은 때가 하루 이틀이 아니었다.

결국 입주 이모님을 모셨지만, 그분들도 이삼일 지내보시고는 연달아 세 분이나 그만두셨다. 남의 손을 빌리는 것조차 여의치 않았다. 소설 《82년생 김지영》의 주인공이 현실에서 부활한다면 바로 나였다. 열심히 일하던 커리어 우먼은 온데간데없고 그

냥 흔한 '평범러'가 되어버렸다. 엉덩이 한 번 붙일 새 없이 온종일 종종대며 일해도 돌아보면 남는 게 하나도 없는 것만 같았다. 긍정왕에, 자신감 하나로 살아왔던 나였지만 처절하고 절박한 현실 육아 속에서 자존감마저 바닥으로 떨어졌다.

"이대로 계속 살 순 없어!"

매일 밤, 마법의 주문처럼 이 말을 되뇌던 어느 날이었다. 이웃에 사는 동생 와정으로부터 DM이 날아왔다. 그 메시지 하나가 절망에 빠진 나를 일으켜 세웠다.

쇼호스트 아카데미라고?

✉ 언니! 우리도 쇼호스트 한번 도전해볼까?

와정이는 쇼호스트 공채에 합격한 선배를 만나고 왔다며 내게 문자를 보냈다. 결혼 전부터 아나운서 일을 해온 와정이도 출산과 육아로 일의 한계를 많이 느끼고 있던 터였다. 그녀의 한마디에 갑자기 머릿속에서 섬광 같은 것이 번쩍 지나갔다.

"그래. 저거다!"

그 당시 나는 아이들 데리고 혼자 외출하기가 여의치 않아, 늘 홈쇼핑으로 물건을 구매하곤 했다. CJ홈쇼핑, GS홈쇼핑, NS홈쇼핑, 현대홈쇼핑 등 모든 채널의 우수 고객이었다. 하지만 소비자로서 홈쇼핑 쇼호스트를 자주 접해보았다고 해서 무턱대고 누구나 쇼호스트를 할 수 있는 건 아니지 않나. 당시 나는 SNS에 셀카를 찍어 올리는 것조차 해본 적이 없던 사람이었다. 나 자신의 얼굴을 드러내고 뭘 한다는 게 엄두도 나지 않았다. 그런데도 와정의 DM에 솔깃했던 이유는 단 하나였다. 시간 조정이 가능하고 시간당 페이가 높다는 것. 그래서 어쩌면 아이들을 내 손으로 돌보면서도 돈을 벌 수 있을지 모른다는 실낱 같은 희망.

✉ 나도 새로운 일에 도전해보고 싶긴 한데... 그쪽 분야의 경력이 전혀 없고, 나이도 벌써 삼십 대 중반이 넘어가는 내가 할 수 있을까?

급관심을 보이면서도 나이와 상황 때문에 걱정하는 내게 와정이는 여러 가지 정보를 덧붙여주었다. 쇼호스트는 두루두루 상품 구매 경험이 많은 주부가 오히려 경쟁력이 있고, 나보다 훨씬 더 나이 많은 주부들도 많이 도전한다고 했다. 용기를 내보기로 했다.

'쇼호스트 아카데미'를 찾아가 상담을 받았다. 방송 경험이 전혀 없고 경단녀였던 나는, 재교육이 절실하다고 느껴졌다. 남편도 모르게 덜컥 아카데미에 등록했다. 결혼 전부터 갖고 있던 비자금으로 시원하고 통 크게 결제했다. 온전히 나에게 목돈을 투자해본 건 그때가 처음이었다. 거금이라서 손이 바들바들 떨렸지만, 투자라고 생각하고 눈을 질끈 감았다.

상담을 받다 보니 TV홈쇼핑 쇼호스트보다 모바일 쇼호스트가 더 끌렸다. 아무래도 TV 쪽은 관련 직종의 전문가들이 많은데 비해 모바일은 그보다 훨씬 자유롭고 허들이 낮아 보였다. 걱정했던 나이 문제도 크게 염려할 필요가 없겠다는 생각이 들었다. 방송일은커녕 개인적으로도 사진이든 동영상이든 찍는 걸 좋아하지 않던 나였지만 마음가짐이 달라졌다. 뭐든 할 수 있는 일이 있다면 해볼 작정이었다. 쇼호스트라는 직업이 꼭 예쁘고 말 잘하는 사람만 할 수 있는 일이 아님을 보여주고 싶었다. 모처럼 마음이 설렜다. 집안에 갇혀 나라는 존재 자체를 잊어버리는 것보다는 깨지고 좌절하더라도 도전하는 게 낫다고 믿었다. 그때부터 결심을 단단히 잡아맸다. 이제까지와는 전혀 다르게 살겠다고.

쿠쿠전자는 사랑입니다

9시 20분에 아이들을 유치원 버스에 태우자마자 쏜살같이 차를 몰고 군포에서 서울 강남까지 갔다. 아무리 서둘러도 수업 시작 시각인 10시 10분까지 도착하려면 늘 아슬아슬했다. 차 안에서는 틈틈이 발성 연습을 했다. 처음엔 내가 내 목소리를 듣는 것조차도 너무 어색하고 오글거렸다. 수업의 강도와 긴장감도 꽤 컸다. 새로운 일에 도전한다는 건 하루하루가 모험과 두려움의 연속이었다. 하지만 피하고 싶지 않았다. 집에만 퍼져 있다는 자괴감보다야 긴장과 두려움을 맞닥뜨리는 게 훨씬 낫다고 자신을 설득했다.

수업이 끝나면 또 부리나케 집으로 달려와 유치원에서 돌아온 아이들을 맞았다. 아이들 일정에 차질이 없도록 하기 위해 늘 조바심 내며 동분서주했다. 체력적으로는 힘들었지만 그래도 행복했다. 나를 찾고, 내가 할 수 있는 일을 찾겠다는 절실함이 컸기 때문이었으리라.

수업 들은 지 몇 개월이 지났을 무렵 첫 오디션이 있었다. 8명 정원이었던 우리 반의 친구들은 나와 달리 모두 미혼에, 미스코리아, 연기자, 승무원 출신들이었다, 너무나 멋진! 그러니 가장 나이 많은 기혼자에 이렇다 할 경력도 없는 나는 의기소침해질 수밖에 없었다. 다른 사람들보다 기회가 많지 않을 거라는 걱정 때문에 더 잘 해내야 한다는 중압감도 컸다. 떨지 않고 당당하게 해내기! 난생처음 카메라 앞에서 각오를 다졌다.

내가 선택한 상품은 스팀다리미였다. 쿠쿠 오디션은 밥솥, 스팀다리미 등 쿠쿠의 신제품으로 피티PT하는 방식이었다. 피티는 화면 속 내 모습을 체크하며 3~5분 정도 진행한다. 다른 수강생들의 피티를 보며 서로 배울 점, 고칠 점 등도 공유한다. 때문에 어떻게 보면 타인이 작심하고 나를 신랄하게 평가할 수도 있는 잔인한 시간이다. 내가 쓰는 단어 하나, 음절 하나, 숨소리 하나까지도 냉정하게 평가를 받아야 했다. 말의 빠르기나 강약, 단어의 순서, 표정, 핸들링, 집중 멘트 등 모든 것을 남들 앞에 드러내 놓고 지적을 받는다는 게 만만치는 않다. 자존심도, 부끄러움도 다 내려놓고 겸허하게 지적을 받아야만 발전할 수 있다. 떨리고 힘들었지만 아주 중요한 배움의 과정이었다.

스팀다리미 피티에서 나는 주부로서 겪은 경험담을 진솔하게 전달했다. 남편 셔츠를 다리면서 불편하고 힘들었던 점, 아이의 유치원복을 다리며 꼬깃꼬깃 구겨졌던 옷깃이 빳빳하게 펴졌을 때의 행복감 등등. 카메라 앞에 서본 경험이 많은 사람들도 떨리는 자리인데, 나처럼 모든 게 처음인 사람이 떨리는 거야 말해 무엇하랴. 처음엔 익숙하지 않은 화면 속 내 모습에 적응하는 것조차 쉽지 않았다. 하지만 떨릴수록 카메라를 정면으로 주시하고 여유 있게 천천히, 또박또박 해나갔다. 쭈뼛거리거나 우왕좌왕하면서 떨리는 마음을 대중에게 들키면 절대 안 되었다. 눈은 카메라를 응시하고 표정은 밝게 유지하면서 기선 제압한다는 마음으로 최대한 어깨를 쭉 폈다.

결국 그 첫 오디션에서 나는 쟁쟁한 사람들을 다 제치고 선발되었다. 아무래도 쿠쿠전자가 주방가전 쪽이 메인이다 보니 주부라는 게 강점이 되었던 것 같다.

"내 상황이 꼭 불리한 것만은 아니구나. 경단녀가 되었다고 좌절했지만, 주부로서 아이들을 키우며 경험한 나의 이력도 쓸모가 있구나."

아카데미를 다니면서 점점 모바일 쇼호스트라는 직업에 대한 확신이 생겼다. 더구나 그즈음부터 코로나19가 점차 확산되기 시작했다. 수업에도 차질이 생기고, 아이들 등원도 못 하는 등 힘겨운 상황들이 이어졌다. 하지만 그것은 오히려 나에게는 기회였다. 팬데믹으로 인해 모바일 시장은 폭발적으로 늘어나기 시작했고, 업체들은 앞다투어 라이브 커머스 방송을 시작했다. 그야말로 모바일 쇼호스트의 전성시대가 열린 것이다.

공동구매는 첫 라방 전 징검다리

아카데미를 무사히 수료했지만, 그렇다고 곧장 어딘가에서 나를 막 불러주는 것은 아니었다. 방송 경력이 거의 전무한 사람에게 먼저 다가와, 돈을 주고 라이브 방송을 맡길 업체는 한 곳도 없었다. 하지만 나는 부지런히 여기저기 이력서를 냈다. 인스

타그램 같은 SNS도 꾸준하게 관리했다. 온라인에서 나를 알릴 수 있는 모든 채널을 백분 활용해야 했고, 성과를 극대화시켜야 했다. 하루아침에 인플루언서가 될 수 있는 게 아니기 때문에 꾸준하고 성실하게, 신뢰성 있게 '나'라는 상품을 잘 만들어나가야 했다.

시간이 지날수록 SNS 팔로워가 조금씩 늘기 시작했다. 이력서를 넣은 몇몇 업체에서도 미팅하자는 연락이 왔다. 물론 내가 남들보다 뛰어난 외모를 가졌다거나 특출난 장점 혹은 경력이 있었던 건 아니다. 다만 최대한 솔직하려고 노력했다. 방송 경력은 없지만 누구보다 소비자 입장에서 궁금한 것들을 조목조목 전달할 수 있다는 점, 편안하게 소통할 자신이 있다는 점을 어필했다. 자신감이 있다면 굳이 과장하거나 꾸밀 필요는 없다고 생각했다. 내가 쇼핑할 때 겪고 느낀 점들을 솔직하게 구매자에게 전달해주어야 한다는 게 유일한 원칙이었다.

그렇게 시간이 조금씩 흐르자 업체로부터 공구 제안이 조금씩 들어오기 시작했다. 그러다 어느 순간에는 매일 하루에도 몇 건씩 제안이 들어왔다. 많은 인플루언서 중에서 업체가 나를 선택한 이유는 대부분 한 가지였다. 내가 모바일 쇼호스트로서 훈련받았다는 점이 SNS에서 공구를 진행하는 데도 영향을 미쳤다. 아무런 경력이 없던 나에게 모바일 쇼호스트가 되기 위해 아카데미를 다녔다는 점이 플러스로 작용했다. 경단녀로 지내며 좌절감만 느낄 게 아니라 자격증을 따든 재교육을 받든 자신의 능력을 업그레이드하는 적극성이 필요하다는 사실을 새삼 느꼈다.

많은 공구 제안이 왔지만 아무거나 다 하지는 않았다. 내 팔로워들은 나를 믿고 지갑을 여는 것이므로, 그들의 비용 지불에 대한 책임이 나에게도 있다고 믿는다. 내가 직접 사용해보고 솔직한 리뷰를 전달할 수 있겠다는 확신이 들 때만 공구를 진행했다.

소비자로서 사용해봤을 때 진짜 좋았던 제품은 직접 브랜드에 전화를 해서 공구를 제안하기도 했다. 예를 들면, 올리브영에서 판매되고 있는 페이스 패드의 경우 소비자로서 내가 애용하던 제품이었다. 공구 시장이 거의 포화 상태일 정도로 커져 있기에 이 브랜드도 당연히 공구 진행을 해왔겠지 생각했다. 그래도 혹시나 싶어 브랜드사에 연락해보니 의외로 진행 이력이 없었다. 그래서 공구 제안을 더 적극적으로 먼저 했다. 소비자들에게 인지도가 꽤 있는 제품이었지만 꼭 공구를 진행해보고 싶었다.

"제가 꼭 해보고 싶습니다. 기회를 주세요!"

이 한마디를 말하는 용기. 기꺼이 부딪히면 길이 찾아지고 문이 열린다. 나중에 이 제품으로 라이브 방송을 하기도 했다.

두드려라, 열릴 것이다

개인 SNS 채널을 통한 공구 진행은 본격적인 라방을 하기 전 워밍업 같았다.

'아, 이렇게 제품을 소비자에게 알리면 되는구나. 소비자가 좋은 제품을 좋은 가격에 구매할 수 있도록 이런 제안을 해주면 좋겠다. 공구를 할 때는 물건을 먼저 사용해본 사람으로서 이런 점을 소비자에게 알려주면 좋겠구나.'

제품 홍보와 판매에 조금씩 눈을 떴다. 아카데미 수료 후 6개월 정도는 코로나19 때문에 외출도 거의 하지 못하고 쇼핑몰이나 SNS 공구를 진행하면서 보냈던 것 같다. 라이브 방송을 하자는 섭외가 들어오지는 않았다. 불러주는 데가 없으니 '이 길이 맞나?' 다시 흔들리고 불안해졌다. 언제까지 집에서 가만히 앉아 나를 불러주기만 기다리고 있을 수는 없었다. 포털사이트에서 열심히 검색해 라이브 방송을 대행해주는 대행사들을 리스트업했다. 그리고 하나씩 차례로 이력서를 보냈다. 거의 매일매일 여러 개의 이력서를 썼다. 대학졸업 시절의 취업준비생으로 돌아간 것만 같았다. 아이가 둘이나 있는 주부였지만, 취준생의 초조한 마음은 똑같았다.

이력서를 보냈다고 해서 연락이 오는 경우는 많지 않았다. 연락이 안 오면 직접 대행사에 전화를 했고, 무작정 찾아가기도 했다. 어떻게든 나를 알려야 했다. 용기를 내어 찾아가도 나를 반겨주는 사람은 아무도 없었다. 당연하겠지만! 어쩌면 이 순간이 사실 가장 중요하다. 상대가 나를 모르고, 반겨주지 않는데 찾아가서 나를 어필해야 하는 순간. 당연히 서럽고 두렵고 창피하기도 하다.

다행히 나는 옆에 와정이가 있었다. 와정이는 쇼호스트 아카데미를 다녀보라고 조언해준 동네 친구이자 동생이자 동지 같은 존재였다. 우리는 비슷한 또래의 아이들을 함께 돌보며 맨땅에 헤딩하는 심정으로 불모지에 나섰다. 혼자였다면 진짜 쉽지 않았을 것이다. 우리는 대부분 둘이 함께 업체의 문을 두드렸기 때문에 그나마 큰 의지가 되었다. 문전박대를 당하더라도 괜찮다고 서로 다독거려줄 수 있는 사람이 있다는 건 포기하지 않는 힘이 된다. 그야말로 찌질이 같았지만, 그 고난을 함께 지나면서 와정과 나는 '프로'로서 단단하게 다져졌다. 감정의 온도도 함께 나누며 끈끈한 전우애가 생겼다. 뜻과 마음이 맞는 사람과 팀으로 움직일 때 얻을 수 있는 장점이자 행운이다.

어렵게 업체와 미팅을 잡아도 바로 방송을 맡겨주는 건 아니다. '방송 하나 주세요, 주세요~'하고 따라다닌다고 해서 따낼 수 있는 것도 아니다. 업체가 우리를 선택할 수밖에 없는 점을 강조해야 한다. 팔로워 숫자도 중요하고, 쇼호스트로서 제품과 어울리는 이미지, 스타일도 중요하다. 쇼호스트의 연령대에 맞게, 그 연령대의 소비자들에게 맞춤한 내용을 찾아내어 제품을 소개하는 요령도 중요하다. 페이스 패드 하나를 소개하더라도 출산 후 예전만 못한 30대 아기엄마들의 피부 고민을 적절히 언급하는 거다. 어떤 페이스 패드를 쓰느냐에 따라 화장이 다르게 먹는다는 것, 발림성의 문제는 화장품 자체의 퀄리티뿐만 아니라 패드에 따라서도 다르다는 점들을 말해주는 거다. 연령대마다 안고 있는 피부 고민을 정확히 찍어서 그 부분을 공략하는 거다. 그럼 소비자 타깃층이 더 구체적으로 좁혀지면서 적극 구매로 이어질 수 있다.

업체에서는 막연히 '잘할 수 있다'고 말하는 사람보다 '어떻게 잘 팔 수 있다'고 구체적으로 말하는 사람에게 끌릴 수밖에 없다. 자신감은 하늘에서 떨어지는 게 아니다. 제품에 대한 충분한

이해, 실질적인 사용 경험, 그것을 핵심적으로 전달할 수 있을 만큼의 쉽고 정확한 언어전달력 등이 갖춰져야 한다. 그건 누구든 노력을 통해 갈고 닦을 수 있다. 그게 만들어지고 다져져야 비로소 내 안에서 자신감이 나온다. 상대는 그 점을 정확히 알아본다. 저 사람이 어느 정도의 내공과 자신감을 가진 사람인지.

깨지지 않고 얻어지는 내공은 없다. 실패를 두려워 말자. 넘어지지 않고 얻어지는 성공은 오히려 위험하다.

다시 쓰는 포트폴리오

결혼하고 아이를 낳으면서 이전까지의 모든 경력이 단절되는 상황. 겪어보지 않은 사람들은 그 좌절감과 소외감, 억울함 같은 감정을 잘 이해하지 못할 수도 있다. 특히 남편 입장에서는 도와주고 싶은 마음이 있어도 현실의 벽 앞에서 할 수 있는 선택지가 많지 않다. 누구나 자기 나름대로는 최선을 다해 방법을 찾으려 하지만 쉽사리 길이 보이지 않는다.

그런 순간에 가장 필요한 건 걱정과 불안과 원망이 아니라 용기다. 일단 부딪쳐보자는 마음. 다시 새롭게 포트폴리오를 써보겠다는 절실함이 '절실하게' 필요하다. 안 되는 백 가지 이유보다 될 수 있는 한 가지 이유에 집중해야 한다. 그래야만 새로운 포트폴리오를 써낼 수 있다.

아카데미를 수료하고 첫 라이브 방송을 하기까지 5개월이 걸렸다. 짧다면 짧고 길다면 긴 그 시간 동안 수험생처럼 하루에 4시간씩 자면서 수없이 많은 이력서를 쓰고, 정보를 서칭했다. 잠자는 시간조차 아꼈다. 그런 열정이 어디서 솟아났는지 모를 정도였다. 아마 그만큼 절박함이 컸기 때문이었으리라. 5개월 동안 잠도 줄여가며 라이브 방송에 매달리면서 깨달았다. 내가 이 일을 얼마나 하고 싶어 하는지.

수료 전에 때마침 코로나가 터지면서 모바일 시장이 급성장했다. 이커머스 시장이 폭발적으로 커지면서 새로운 정보들이 넘쳐났다. 누가 어떤 제품의 방송을 맡겨도 완벽히 해내려면 준비가 되어 있어야 했다. 어느 정도 준비가 되어 있느냐는 업체와 미팅을 해보면 바로 실력이 드러난다. 와정이와 나는 원팀으로서 방송 시 카메라 동선이나 라이브 방송의 구성, 큐시트까지도 직접 짜낼 수 있을 정도로 공부하고 연습하고 준비했다.

업체에서 직접 라이브 커머스 방송을 진행하는 경우는 많지 않다. 주로 브랜드 업체에서는 비용을 들여 라이브 방송을 대행사에 외주로 맡긴다. 판매 실적이 실시간으로 바로바로 나온다. 당연히 대행사 입장에서는 방송 결과에 민감할 수밖에 없다. 제품이 잘 팔려야 브랜드 업체와의 관계가 지속적으로 이어지기 때문이다. 그러니 검증되지 않은 신인 쇼호스트에게 덜컥 방송을 맡기는 모험을 하려고 들지 않는다. 일은 절실하게 원하지만 결과물은 없는 상황. 척박한 불모지였다. 내가 이 직업을 선택한 것이 잘한 일일까 의구심이 들 정도였다. 모든 취준생의 심정이 그렇겠지만 5개월 동안 하루하루 희망과 절망이 교차했다.

그러나 불안이 커질수록 자신을 믿고 집중해야 한다. 엄마로서, 아내로서의 역할만이 아니라 나 자신에 대한 집중이 필요했다. 방송에서 남들에게 보여져야 하는 일이기 때문에 옷차림, 헤어스타일, 얼굴 표정, 마인드까지도 리셋해야 했다. 거울 한 번을 보더라도 나 자신에게 집중하는 것. 그건 정말 특별한 기분이었다. 다시 태어난 것 같았다. 두렵지만 설레고, 기쁘지만 긴장되는 만감이었다. 말 그대로 엄마, 아내, 주부 외에 쇼호스트 김지혜로서의 역할을 추가해 본격적인 시동을 걸었다.

아무리 작은 회사의 사소한 제품이라도 경험과 이력이 될 수 있다면 마다하지 않았다. 물론 그렇다고 무턱대고 이것저것 다 하는 게 아니라 와정과 나, 우리 팀의 이미지를 만들어낼 수 있는 제품에 보다 적극적으로 뛰어들었다. 수동적으로 컨택을 기다리는 게 아니라 우리의 이미지를 높여줄 수 있는 제품을 발굴해서 먼저 찾아갔다. 뷰티 제품이나 영유아 제품 등 젊은 기혼여성의 특장점을 잘 살릴 수 있는 업체들을 고르는 전략도 중요했다.

그런 노력 덕분에 우리의 포트폴리오는 한 줄 한 줄 새롭게 다시 쓰였다. 방송을 마치면 담당자들의 탄성이 쏟아졌다. "와~ 두 분 호흡 진짜 좋아요!"라는 말을 연발했다. 의상, 헤어, 방송 순서까지도 직접 우리가 짜고 맞췄다. 대행사 입장에서 우리는 함께 일하기 편한 쇼호스트였고, 투자비용 대비 성과도 좋은 쇼호스트였다. 우리 자신이 상품이라면 우리야말로 재구매율이 매우 높은 상품이었다.

2MC라고 해서 우리 두 사람끼리 방송 분량을 욕심내는 일 따위는 없었다. 우리가 서로 모르는 사이였다면 알게 모르게 신

경전이 있었을지도 모르겠다. 하지만 우리는 서로가 서로를 빛나게 해주려고 배려했고, 팀워크는 업체 관계자들에게도 고스란히 전달되었다. 완판 신화는 끊임없는 노력과 팀워크가 있었기에 가능한 일이었다.

와정's Story

본캐는 뉴스 아나운서입니다만

대학 졸업하자마자 지방방송국에서 뉴스 아나운서로 일했다. 워낙 어린 시절부터 꿈꾸던 일이었고 오래 준비했던 일이었기 때문에 아나운서라는 직업에 대한 자부심이 있었다. 열망하던 꿈을 이루었다는 성취감도 있었다. 일이냐 결혼이냐를 놓고 누군가 우선 순위를 묻는다면 두 번 생각할 것도 없이 1초 만에 '일'이라고 답할 수 있을 정도로 일에 푹 빠져 있었다. 말 그대로 워커홀릭이었다. 힘들게 합격했던 만큼 아나운서라는 일에 더 열심히 매달렸다.

한창 일에 재미를 붙일 즈음, 여러 가지 일들이 한꺼번에 파도처럼 다가왔다. 학생 때부터 부모님 몰래 만나던 남자친구가 있었는데, 보수적이던 부모님께 우연히 남자친구의 존재가 알려지고 말았다. 나와 나이 차이가 꽤 난다는 말에 자연스레 결혼이야기가 오갔고 집안에서는 결혼을 서두르셨다.

갑자기 결혼 일정이 잡히자, 소식을 들은 주변 친구들은 모두 놀라워했다. 내가 일에 대한 야망이 컸기에 당연한 반응이었다. 결혼하는 순간 아나운서로서 내 삶은 끝나는 것이라 여겼다.

하지만 정말 오랜 고민 끝에 남편을 선택했다. 학창 시절부터 아나운서의 꿈을 이룰 때까지 오랜 시간 내 옆에서 물심양면으로

도와준 남편을 포기할 수 없었다. 이 사람을 놓치면 다시는 이런 사람을 만나지 못할 거라는 생각이 들었다. 사랑은 스스로도 믿기 어려운 선택을 가능하게 했다. 더구나 내가 일을 그만두지 않으면 주말 부부를 해야 하는 상황이어서, 어쩔 수 없이 그토록 좋아했던 일까지 결국 그만두었다.

어린 나이에 낯선 환경에서 시작해야 했던 신혼생활. 사랑하는 사람과의 결혼생활은 행복하고 안정적이었지만 마음속에서는 항상 일에 대한 열망이 가득했다. 다시 원점이 된 상황에서 나는 남편이 출근하고 나면 늘 채용공고를 찾아다녔다. 꾸준히 이력서를 넣었고, 간간이 면접을 보았다. 새로운 보금자리에서 새로운 일을 찾아 새롭게 시작하면 된다고 스스로 용기를 북돋웠다. 하지만 아무래도 결혼하고 나니 혼자일 때보다는 여러모로 제약이 많았다. 내가 할 수 있는 방송일을 찾기란 쉽지 않았다.

그런데 때마침 신혼집 근처에 시정 뉴스를 제작하는 곳이 있다는 정보를 알아냈다. 나는 무작정 그곳을 찾아가 포트폴리오를 전달했다. 뭐 이런 여자가 다 있나 이상하게 여겼을 법도 한데, 다행히 나의 열정과 경력을 좋게 봐주었다. 그로부터 몇 달 뒤, 내가 불쑥 찾아갔던 그곳에서 채용공고가 떴고, 면접을 보러 오겠냐는 연락까지 왔다. 내가 호기롭게 내민 포트폴리오 덕분에 면접을 볼 수 있는 기회를 얻게 된 것이다. 결과는 뜻밖에도 합격. 작은 시정 뉴스였지만 일에 대한 열망이 가득했던 나에게는 참 감사한 자리였다. 기회는 역시 도전하는 사람에게만 주어지는 것임을 실감했다. 누군가 먹잇감을 던져주기만을 기다리다가는 스스로 원하는 삶을 잃게 된다는 걸 다시 한번 깨닫게 된 순간이었다.

덕분에 나는 매주 뉴스를 진행할 수 있었고, 다른 지자체의 시정 뉴스도 맡았다. 바빴지만 일에 대한 욕심은 더 커졌다. 기회가 될 때마다 여러 곳에 오디션을 보러 다녔으며 면접도 열심히 꾸준하게 보며 일의 양도 늘려갔다. 그런데 느닷없이 임신 소식

을 들었다. 남의 일 같았고 믿기지 않았다. 당연히 기쁘고 행복한 일이었지만 일을 못 할지도 모른다는 불안감에 엉엉 울었던 기억이 난다.

가족들의 염려를 뒤로 한 채 만삭 때까지 꿋꿋하게 뉴스를 계속 진행했다. 그리고 출산 후 백일 만에 다시 시정 뉴스에 복직했다. 비록 일주일에 한 번뿐이었지만, 그 기회가 갓난아기를 둔 엄마에게는 매우 귀한 자리였다. 나에게는 일의 사이즈보다 일 그 자체와 멀어지지 않는 게 더 중요한 미션이었다. 일을 완전히 놓지 않을 것. 누구 아이의 엄마라는 꼬리표보다 '이와정 아나운서'로 불리는 것이 당시 나의 목표였다. 경력이 아예 단절되어버리면 언젠가는 꼭 후회할 것만 같아서 불안했다.

아이가 태어나자 모든 게 180도 달라졌다. 육아에 올인할 수밖에 없는 상황이 되었다. 그나마 일주일에 한 번 시정 뉴스라도 정기적으로 할 수 있어서 다행이었다. 그 시간이 유일하게 육아로부터 벗어나는 시간이기도 했고, 나를 나로 살게 하는 시간이기도 했다.

걷고, 뛰고, 말하면서 아이가 조금씩 자랄수록 나는 내 조건에서 할 수 있는 일이 무엇일까 더 열심히 고민했다. 나에게 일은 단순한 돈벌이가 아니라 세상과 소통하는 통로였고, 자존감을 잃지 않는 버팀목이었다.

어린아이를 돌보면서도 할 수 있는 일을 찾다가 인스타그램을 시작했다. 사업자 계정을 내고 본격적으로 육아에 대한 정보와 일상을 공유했다. 그렇게 인플루언서로서 첫 발걸음도 내딛었다. 처음에는 큰 기대를 하진 않았으나 적극적으로 하면 할수록 계정의 규모가 조금씩 커졌고 또 다른 세상이 열렸다. 인스타그램으로 돈을 벌기도 했다. 뉴스와 SNS로 일에 대한 갈증을 조금이나마 해소할 수 있었다. '이와정 아나운서'와 '온유 MOM'이라는 두 타이틀을 가지고 성장해갔다. 그러다 어느 날 우연히 새로 이사 간 아파트에서 운명 같은 인연을 만났다. 다경 엄마이자 나의 비즈니스 파트너가 된 지혜 언니가 내 인생에 나타난 것이다.

옆집 언니의 재발견

언젠가 임산부 모임에서 지혜 언니를 처음 만났다. 개인적으로 연락을 주고받는 사이는 아니었기에 그 모임 후 자연스레 멀어졌다. 그런데 어느 날 새로 이사 간 아파트의 엘리베이터에서 다시 만났다. 마침 우리가 이사 간 집과 지혜 언니네 집이 같은 라인이었던 거다.

우리는 아이들이 등원할 때마다 종종 마주쳤다. 집에 가만히 틀어박혀 늘어져 있는 걸 좋아하지 않는 스타일이라서 거의 매일 아이를 데리고 어딘가를 쏘다녔다.

편하고 펑퍼짐한 '엄마 옷'을 즐겨 입는 스타일도 아니라서 어딜 가든 딱 떨어지는 정장을 자주 입었다. 어린이집에 가지도 않는 아이를 데리고 매일 어딘가를 나가는 엄마가 풀메이크업에, 정장 차림이었으니 지혜 언니 눈에도 내가 평범해 보이지는 않았으리라. 근데 나만큼 언니도 예사롭지 않았다. 늘 바쁘게 사는 사람 같았다.

내가 어딘가를 가느라 지하주차장으로 내려가면 그곳에서 자주 지혜 언니와 마주쳤다.

"어머, 어디 가시나 봐요."
"온유랑 또 나가시네요!"

종종 이런 인사를 주고받다 보니 조금씩 친해졌다.

'저 언니도 나만큼이나 바쁘고 집에 잘 안 있는 사람인가 보네. 늘 어딘가 나가는 걸 보니 무척 활동적인 사람인가 봐.'

막연하게 잘 통할 것 같다는 기대감을 안고 조심스레 지혜 언니네집 문을 두드렸다. 그리고 우리 집처럼 언니네도 남편이 무척 바쁘다는 공통점을 발견했다. 독박육아에 허덕이던 우리는 그 자리에서 바로 의기투합, 본격적인 공동육아에 돌입했다. 남편보다 더 많은 시간을 함께 보내면서 육아동지로서 끈끈한 전우애가 싹텄다.

함께하는 시간 동안 지혜 언니를 유심하게 관찰할 기회가 있었다. 꼼꼼하고 야무졌고, 무엇보다 나처럼 일을 하고 싶다는 의지가 강했다. 나는 지혜 언니에게 SNS를 적극적으로 해볼 것을 권했다. 지혜 언니는 사진 찍는 것도 별로 안 좋아했고, 셀카 사진을 SNS에 올리는 것에도 약간 거부감을 가지고 있었다. 그러나 나는 인스타그램을 하면서 경험한 또 다른 신세계에 대해 말하며 적극적으로 꼬드겼다. 지혜 언니가 예전부터 쇼핑몰을 하고 싶었다는 사실도 알게 되었다. 마침 나에게 들어온 의류 관련 제안이 있어 언니와 함께 하기도 했다.

우리는 '뭐든지 열심히 하는 여자들'이었다. 몸 사리거나 주저하지 않고 닥치면 닥치는 대로 뭐든 해냈다. 정식으로 쇼핑몰도 시작했다. 두 집 아이들을 함께 돌보며 쉴 새 없이 서로 사진도 찍어주고 의류 관련 포스팅도 열심히 했다.

같이 일을 해보니 우린 생각보다 훨씬 더 합이 잘 맞았다. 셀카 찍는 걸 안 좋아한다던 옆집 언니는 의외로 다방면에 재주가 많았다. 사진 찍히는 것도, 사진 찍는 것도 잘했다. 그야말로 옆집 언니의 재발견이었다.

'이 언니는 카메라 앞에서 무척 자연스럽구나. 경험이 없는데도 방송인으로서 여러모로 갖춰진 면이 많아.'

언니의 재능을 알아본 나는 적극적으로 방송일을 제안했다. 놀랍게도 언니는 예전부터 '쇼호스트'라는 직업에 큰 흥미와 호기심을 가지고 있었다고 했다. 실행력이 뛰어난 언니가 비상금을 털어 쇼호스트 아카데미에 등록하는 등 꿈에 도전하는 모습을 가까이 지켜보며 진심으로 응원했다. 그 꿈이 마냥 허황된 게 아니라 충분히 실현 가능할 만큼 재능과 끼가 많은 사람이란 걸 난 충분히 느끼고 있었으니까.

내가 도울 일이 있으면 진심으로 돕고 싶었다. 지혜 언니가 쇼호스트 아카데미에 다니는 동안 아나운서 수업 과정에서 필요한 발성과 발음 연습에도 성심껏 참견했다. 아침 댓바람부터 언니네 집에 쳐들어가서 함께 연습했던 시간들도 추억으로 남았다. 한 회, 한 회 수업을 들을수록 꾸준히 성장해가는 언니 모습을 지켜보는 행복도 무척 컸다. 쉽게 안주하지 않고, 급격히 변화하는 세상에 맞게 자신을 재교육하고, 거듭거듭 성장하겠다는 열정에 자극받기도 했다.

우리가 서로 경쟁 관계가 아니라 신뢰할 수 있는 좋은 파트너가 된 밑바탕에는 오랫동안 서로를 지켜보며 응원을 아끼지 않았던 진정성이 있다. 그 진심 어린 마음이 힘들 때도 서로를 단단히 붙잡아준 큰 힘이었다.

와정 아나운서, 라이브 커머스 진행자로 재탄생하다

방송에서 내 역할은 아나운서였다. 그 역할 이외에는 생각해본 적이 없었다. 아나운서는 정해진 대본대로 명확하고 정확한 정보를 전달하는 사람이다. 신뢰감을 주는 목소리로 안정적이고 차분하게 방송을 진행해야 한다. 나에게 방송은 그것뿐이었다.

그런데 지혜 언니를 통해 모바일 쇼호스트의 세계를 엿보면서 새로운 호기심이 생겼다. 언니에게 쇼호스트 아카데미를 권한 건 나였지만, 나에게 쇼호스트라는 직업에 대한 매력과 호기심을 전해준 건 언니였다. 우리는 서로에게 낯설고 새로운 세상을 선물했다.

하지만 모바일 쇼호스트라는 직업이 녹록지는 않았다. 그동안 내가 해왔던 일과는 완전히 달랐다. 모바일 쇼호스트는 대본 없이 생방송을 진행하는 사람이었다. 혼자 방송 내내 오디오가 비지 않게 떠들면서 물건까지 팔아야 했다. 일정한 톤과 빠르기, 정확한 발음이 생명인 아나운서와는 달리, 하이텐션으로 방송을 이끌어나가야 했다. 그러면서도 지루하지 않게, 재밌게 모든 끼를 발산해야 했다. 당연히 내가 할 수 있는 일이 아니라 여겼고, 할 마음도 없었다.

그런데 어느 날 우연히 인스타 DM이 날아왔다. 모바일 라이브 방송을 해보지 않겠냐는 제안이었다. 나는 정중히 고사했다. 하지만 업체에서는 나의 아나운서 이미지와 타이틀을 원했다. 모바일 쇼호스트다운 재능을 원하는 게 아니라 아나운서가 전하는 신뢰감 있는 판매 방송을 원한다고 재차 제안을 주었다.

'정말 다른 쇼호스트처럼 깨발랄하게 하지 않아도 되는 걸까?'

심각한 고민에 빠졌다. 나의 이미지와 나라는 사람의 상품성에 대해서도 가치를 따져보는 계기가 되었다. 쇼호스트는 이러이러해야 한다는 식의 도식도 결국 편견 아니겠나 싶었다. 나의 장점을 잘 사용하면 오히려 강점이 될 수 있겠다 싶었다. 결국 나는

그 제안을 받아들였다. 국내 유명 브랜드의 아기용품이었다. 나의 인생 첫 라방은 지금 생각해도 이불킥을 하고 싶을 만큼 부끄럽고 오글오글하다.

물론, 아이 엄마로서 내가 충분히 사용해본 적 있는 제품이었기 때문에 상품 아이템에 대해서는 누구보다 깊이 숙지하고 있었다. 카메라 앞에 서는 것도 익숙한 일이었기 때문에 떨고 긴장하지도 않았다. 다만, 한 시간의 분량을 대본 없이 즉흥적으로 해내야 한다는 부담감은 있었다. 도대체 대본 없이 한 시간을 무슨 말로 채우나 걱정이 앞섰으나, 막상 스마트폰을 켜고 라이브를 시작하자 한 시간은 빛의 속도로 지나갔다. 다행히 구매자들의 반응도 좋았고 판매도 많이 되었다. 라방 경험도 없던 나에게 중요한 제안을 해준 업체에 면목 없을까 봐 걱정했는데 그나마 다행이었다. 첫 라방 후의 분위기는 화기애애하고 좋았다.

하지만 내 마음은 착잡했다. 집으로 돌아와 모니터링을 하자 마음은 더욱 무거워졌다. 모바일 쇼호스트로서 역할을 해야 할 내가 뉴스 아나운서 옷을 그대로 입고 있는 게 아닌가. 게스트로 나온 업체 관계자를 아나운서가 인터뷰하는 모양새였다.

뉴스에서 아나운서는 게스트의 말을 잘 들어주는 역할을 해야 하기 때문에 함부로 게스트의 말을 자르거나 끼어들지 않는다. 그것에 익숙해져 있다 보니, 속도감 있게 전개해나가야 할 라이브 쇼핑 방송에서도 나는 게스트의 말을 끊지 못한 채 마냥 들어주고 있었다. 당연히 방송은 지루해지고, 방송 내내 화면은 업체 관계자 위주로 잡혔다. 진행자보다 관계자가 더 말을 많이 했다. 쇼호스트가 제품에 대해 정보가 부족해서 말을 안 하나 싶을 만큼 과묵함을 시전하고 말았다. 아나운서의 경청 태도가 제품을 보지 않고 물건을 구매해야 할 소비자에게는 별로 도움이 되지 않는 것은 당연했다.

'모바일 쇼호스트는 예능방송에서 출연자들이 대화 중에 서로 치고 나가면서 분량 싸움하듯 빠르게 멘트를 쳐야 하는구나. 게스트와 티키타카를 속도감 있게 이끌어가면서도 그 속에서 구매자들이 제품에 대해 궁금해할 만한 정보를 깨알같이 담아내야겠구나. 그러면서도 지루하지 않고 재밌어야겠구나.'

첫 라방에서 많은 걸 깨달았다. 그야말로 맨땅에 헤딩하는 실전 체험이었다. 머리로 하는 공부가 아니라 몸으로 부딪히며 깨달아가는 공부였다. 내 단점들을 적나라하게 대중 앞에 꺼내보이면서 이를 보완해가야 했다. 아나운서 이와정이 아니라 모바일 쇼호스트 이와정으로 재탄생하는 과정이었다.

우리는 원팀

일하다 보니 모바일 쇼호스트는 하면 할수록 매력적이었다. 아나운서보다 훨씬 자유롭고 생기 넘치는 일이었다. 소비자들과 그 자리에서 바로바로 소통하는 기쁨도 컸다. 혼자 스튜디오에 앉아 뉴스를 진행하는 것과는 전혀 다른 긴장과 재미를 주었다.

때마침 라이브 커머스 시장은 하루가 다르게 폭발적으로 커졌다. 코로나19 팬데믹까지 겹쳐 가히 기하급수적으로 방송이 늘었다. 한두 번 라방이 송출되자 모바일 라이브 방송을 제안하는 섭외 요청도 계속 이어졌다. 라이브 판매 방송에 대해 알아갈수록 미래 소비환경의 변화를 읽을 수 있었고, 어떻게 무엇을 해야 할지에 대한 답도 어렴풋이 보이기 시작했다.

코엑스에서 처음으로 현장 라이브 방송을 진행한 이후 지혜 언니와 나는 함께 본격적으로 라이브 커머스 시장에 뛰어들어보기로 했다. 뭐든 열심히 하고, 뭐든 바로바로 실행에 옮기는 여자 둘이 의기투합한 것이다.

적극적인 나와 꼼꼼한 지혜 언니는 서로의 부족한 면을 적절하게 채워줄 수 있을 것 같았다. 특히, 라방을 할 때는 거의 대부분 1MC보다는 2MC를 선호한다. 아무래도 혼자 방송 전체를 진행하는 것보다 두 명이 진행하면 티키타카가 가능하니까 재미도 배가된다. 우리가 따로 활동한다면 업체에서는 각각 다른 진행자를 두 명 섭외해야만 한다. 처음 본 두 사람이 눈에 보이지 않는 경쟁 구도 속에서 호흡을 잘 맞추기란 생각보다 어렵다. 그런 점에서 이미 하나의 팀으로 움직이는 우리는 업체 쪽에서도 섭외에 좋은 점이 많다.

우리는 어디든 함께 다닌다. 둘 중 누구에게 섭외가 오든 혼자만 출연하는 법이 없다. 업체 쪽에도 우리는 항상 함께 움직인 다는 사실을 주지시킨다.

주위에서는 우리를 걱정 어린 시선으로 보기도 한다.

"함께 놀다가도 싸우는데 함께 일을 하면서 어떻게 안 싸울 수 있어?"

"어떤 일이든 동업은 안 좋아!"

"아무리 친해도 경쟁의식이 있지 않을까?"

주변의 걱정과 염려를 마주할 때마다 다시 우리를 뒤돌아본 다. 그리고 마음을 다진다. 원팀으로서 끝까지 잘해나가겠노라고.

물론 일이라는 게 그 누구도 장담할 수는 없는 거지만, 비즈 니스 파트너로서 서로를 인정하고 존중하는 기본을 잃지 않으면 지속 가능한 관계가 될 수 있을 거라 믿는다. 무엇보다 내가 더 돋보이고, 내가 더 잘나가겠다는 욕심으로부터 벗어나는 것, 함 께하는 일이므로 혼자 할 때보다 책임감을 두 배로 더 가져야 한 다는 것. 함께 일하는 우리가 가장 중요하게 생각하는 것들이다.

다행히 우리의 일은 직접적으로 현금을 투자하는 공동창업 과는 달라서 위험 부담은 없다. 둘 중 어느 한쪽으로 섭외가 오든 함께 방송을 하고, 수익금은 공평하게 나눈다. 방송의 기여도나 개인적인 인지도 면에서도 큰 차이는 없기 때문에 아직까지 갈등이나 돈 문제를 겪은 적은 없다. 앞으로도 우리는 김지혜와 이와정이 아닌, '체크인 체크아웃'이라는 팀으로 라이브 커머스 시장을 제패해나갈 것이다.

라이브 커머스는 이제 시작이고, 우리도 기지개를 켜고 날개짓을 시작하는 중이다. 시작이라는 말 속에는 실패와 두려움이 도사리고 있지만, 무한한 가능성도 잠재되어 있다. 운명처럼 서로를 발견하고 함께 아이들을 돌보며 지금까지 왔다. 앞으로도 동분서주하겠지만 누구보다 가까이에서 서로의 성장을 지켜보며 응원하는 관계를 맺어갈 것이다. 인생에서 그런 관계를 나눌 수 있는 파트너를 만났다는 건 얼마나 큰 행운인지!

당신도 두 눈을 크게 뜨고 주위를 살펴보길 바란다. 지나가는 옆집 언니, 앞집 동생도 다시 보자. 같이 밥 먹고 차 마시고 쇼핑하는 데서 끝나는 관계 말고 생산적인 일을 도모할 수 있는 파트너가 될 만한 사람이 있는지 찾아보자. 눈을 씻고 찾으려고 노력해야 보인다. 새로운 인생은 새로운 사람을 만나는 데서 변화를 맞는다. 틀림없다.

체크인 체크아웃, 완판 신화를 쓰다

지혜와 와정, 첫 라방 찐 후기

아나운서 활동을 하던 이와정과 방송을 1도 모르던 경단녀 김지혜의 옷은 과감히 벗어던졌다. 우리는 최고로 살벌한 전쟁터라고 손꼽히는 모바일 라이브 시장에 뛰어들었다. 처음에는 스튜디오에 앉아서 진행하는 작은 방송들 위주로 했다. 거의 중소기업 제품들이었다. 하지만 마다하지 않았다. 우리의 이미지에 맞고, 우리가 잘 아는 제품이라면 기꺼이 맡았다. 각자의 인스타 피드에 중소기업 방송이든 뭐든 라이브 커머스, 라이브 방송, 쇼호스트 등의 해시태그를 달아서 열심히 포스팅했다. 그래야 기회가 온다고 믿었다. 당연했다. 세상의 중심은 온라인으로 빠르게 넘어가는 중이니까. 온라인에서 나를, 우리를 알리는 일이 얼마나 중요한지 정확히 깨닫고 있었고, 그쪽으로 부단히 노력했다.

노력 덕분인지 급기야, 드디어, 내 인스타 DM으로 모 광고회사에서 섭외가 들어왔다. 설렜다. 그때까지 우리가 받던 페이 중에서 가장 높은 금액을 제안받은 것이기도 했다. 더구나 스튜디오에서 하는 것도 아니고 현장에서 진행하는 라이브 방송이었다. 그 방송을 잘 해내면 앞으로 더 많은 라이브 방송을 맡을 수 있을 것이라는 직감이 딱 왔다. 코엑스에서 열리는 〈2020 서울

카페 쇼〉였다.

두렵기도 했다. 코엑스 행사 현장에서 하는 라이브 방송은 굉장히 변수가 많았다. 수많은 인파 속에서 진행하는 라이브 방송은 스튜디오와는 비교할 수 없는 집중력과 순발력이 필요했다. 그래도 일단 무조건 오케이를 한 뒤 우리는 함께 미팅에 나갔다. 주체 측에서는 한 명의 진행자를 원했지만, 우리는 한 팀이기에 지혜 언니를 적극적으로 추천했다. 와정과 지혜, 두 명의 MC로 해보면 어떻겠냐고 제안했다. 현장 리포팅이나 뉴스, 행사 경험은 많았지만 라이브 방송의 현장 경험이 없는 우리는 함께했을 때 이점이 더 많을 거라 확신했다. 서로가 놓치는 부분을 보완해줄 수 있고, 긴장감과 두려움도 나눌 수 있을 터였다. 시작부터 함께해온 과정들이 있었기 때문에 정서적으로 서로를 의지하고 신뢰할 수 있다는 건 큰 자산이었다. 결국 주체 측에서도 2MC 체제로 결정해주었다.

그날 코엑스 카페 쇼에서 우리는 하루에 라이브 방송 3개를 진행해야 했다. 커피와 커피머신, 카페 박람회 방송과 네이버 최초 전시회, 그리고 박람회 홍보 방송까지. 부담이 클 수밖에 없었다. 아무도 시키지 않았지만, 우리는 미리 전시장 사전답사를 갔다. 전날 현장에서 방송 중인 다른 쇼호스트들도 지켜보았다.

과연 이제까지 우리가 보아온 방송 규모와는 차원이 달랐다. 지켜보는 사람들의 눈이 밤하늘의 별처럼 많았다. 긴장감 최고조였다.

기획 방송은 노출이 큰 방송이다. 네이버 메인에 걸려서 몇만 명이 시청하며, 오픈 방송에서도 몇백 명이 볼 것이다. 중요한 방송인 만큼 책임감을 가져야 했다.

행사 당일, 우리는 헤어, 메이크업, 의상까지 철저히 준비하고 현장으로 갔다. 우리가 원팀으로 호흡을 맞춘 첫 방송이었다. 오디오가 물리기도 했고, 시연할 때 실수도 있었다. 카메라 구도에 따라 동선이 엇갈리기도 했다. 그럼에도 불구하고 현장 고객들의 반응은 너무 좋았다. 어떻게 지났는지도 모르게 방송 3개가 모두 끝났다. 처음이었지만 성공적인 결과를 이끌어냈다. 우리는 비로소 서로의 얼굴을 마주보며 웃을 수 있었다. 좋은 파트너와 함께하는 게 생각보다 큰 힘이 되었다. 우리는 첫 라방을 자축하며 앞으로도 길게 보고 한 발씩 가자고 다짐했다. 각자의 욕심을 앞세우기 시작하면 팀은 끝난다. 첫 라방에서 우리는 원팀의 중요성을 크게 느끼고 깨달았다.

기회는 또 다른 기회를 낳는다

 코엑스의 커피 쇼 행사가 성공적으로 끝나자 이후에 비슷한 행사 진행을 요청하는 섭외가 조금씩 이어졌다. 홍보 마스코트로서 활약할 수 있는 기회들도 주어졌다. 일을 시작할 때는 항상 눈앞의 작은 이익보다 그 일이 씨앗이 되어 어떻게 가지를 칠 수 있을지를 염두에 두는 게 좋다. 긴 안목으로 보면, 사소해 보이는 일도 결코 사소하지 않을 수 있다. 좋은 기회란 그런 것이다.

우리에게 커피 쇼는 너무 좋은 기회였다. 우리의 이미지를 높이고 새로운 다른 일들로 이어져 더 많은 기회를 연결해주는 계기가 되었으니까. 특히, 좋은 기회는 준비된 사람에게 찾아온다는 것, 찾아온 기회를 놓치지 않는 것도 준비가 되어 있을 때만 가능하다는 것. 우리가 배운 첫 번째 교훈이었다. 그동안의 노력이 우리를 배신하지 않고 기회를 준 것이다.

커피 쇼 행사 후 어느 프리미엄 티Tea업체로부터 연락이 왔다. 호텔에 납품되는 고급 차 브랜드였다. 방송 때 너무 고마웠다며 티를 납품하는 반얀트리 호텔에서 딸기뷔페 행사를 진행하는데 초대하고 싶다고 하셨다. 덕분에 우리는 티 업체의 부장님, 대표님과 반얀트리에서 미팅을 하게 되었다. 그리고 뜻밖에

도 그 미팅 자리에서 반얀트리의 식음료 담당자와 마케팅팀 팀장님과도 인사를 나누게 되었다. 새로운 인맥은 또 다른 인맥으로 이어졌다. 모든 일의 성패는 결국 사람에 달려 있으므로, 어떤 자리에서든 호감과 신뢰를 줘야 한다. 그래야 그 사람들이 좋은 운으로 다가와 새로운 인연들로 이어진다.

형식적인 인사를 나누고 명함을 주고받았다. 반얀트리 라방 계획이 있다는 마케팅팀 팀장님 말씀에 참여할 수 있는 영광을 달라는 부탁도 드렸다. 그 말이 빈말이 되지 않기를 바라면서.

첫인사를 나누고 며칠이 지났다. 쇼호스트 아카데미를 다닐 때 같이 공부하던 동기들을 만나러 가던 도중에 갑자기 반얀트리 담당자님께 연락을 하고 싶어졌다. 이상했다. 원래 운전 중에는 통화하면서 메모하는 게 불가능해 업무 전화는 하지 않는 편인데, 이날은 이상하게 갑자기 빨리 전화를 하고 싶은 생각이 들었다.

창피한 마음도 있고 두렵기도 했다. 하지만 일할 수 있는 기회를 얻으려면 주저해서는 안 되지 싶었다. 두드리는 자에게만 기회가 열린다는 상투적인 말을 내내 곱씹었다.

"안녕하세요? 지난번에 우연히 인사드렸던 김지혜입니다."

직접 전화 걸어 이 한마디 하는 게 뭐라고, 몇 번을 생각하고 연습하고서야 용기를 낼 수 있었다.

마침 반얀트리에서도 라방을 기획 중이라, 쇼호스트를 섭외하고 있는 것은 맞다고 했다. 하지만 우리는 자신들이 원하는 쇼호스트가 아니며, 이미 생각해둔 쇼호스트가 있다고 했다. 당연했다. 한번 우연히 인사한 초짜 쇼호스트를 염두에 두고 먼저 손 내밀어줄 업체는 없었다.

마음이 급해진 나는 서둘러 와정에게 전화하여 이 상황을 알렸다. 둘의 합동 작전이 필요했다. 특히 와정은 풍부한 호캉스 경험이 있지 않은가!

와정은 재빠르게 바통을 넘겨 받아 다시 반얀트리에 전화를 걸었다. 우리는 자신 있었다. 누구보다 그 호텔의 숙박권을 잘 팔 자신이! 와정은 '방송 경험이 많은 것보다 그 호텔에 대해 잘 아는 것이 우선'이라는 점을 어필했다.

"우리보다 반얀트리에 대해 잘 아는 쇼호스트는 없을 거예요!"

　마침 와정은 반얀트리룸 경험이 있어 고객으로서 겪은 경험
담을 솔직하게 부각시켰다. 호텔 측에서는 이 점을 신선하게 받
아들이는 것 같았다.

　네이버 쇼핑 라이브로 진행하는 최초의 호텔 방송! 이 타이
틀은 우리에게도 최고의 경력이 될 것이었고, 반얀트리 호텔 측
에서도 매우 중요한 기획이었다. 일정도 촉박했다. 호텔에 납품
하는 고급 티와 코엑스 커피 쇼를 진행하면서 만들어진 세련된

이미지, 무엇보다 호텔에 대해 매우 구체적이고 실질적인 정보를 잘 알고 있는 쇼호스트의 자신감 때문이었을까? 결국 우리는 반얀트리의 첫 라이브 방송 쇼호스트로 낙점되었다.

라방으로 최고의 매출을 올려드립니다

 보통의 경우 쇼호스트는 큐시트에 써진 대로 방송 진행만 한다. 하지만 우리는 중간에 대행사도 없이 직접 호텔 측과 연결되었다. 때문에 라이브 방송 중의 이벤트나 객실 가격까지도 업체와 직접 조정하고 제안했다. 또 숙박상품의 구성과 판넬(홈쇼핑에서 이벤트 내용을 정리한 홍보물)까지 직접 다 만들고 준비했다. 쇼호스트가 MD나 PD가 하는 일까지 도맡아 한 것이다. 업체에서는 판넬 쓰는 걸 탐탁지 않아 했지만 강하게 설득했다. '라이브 방송이기 때문에 중간에 들어오는 사람들이 많다. 그들이 이벤트 내용을 놓치지 않도록 알려줘야 한다.'는 점을 짚었다. 콘셉트 회의도 수시로 했다. 가족 단위의 고객과 연인을 타깃으로 한 상품 구성이 달라야 한다는 점도 꼼꼼히 부각시켰다.

쇼호스트가 단순히 물건만 파는 사람이라고 생각하면 안 된다. 물건을 잘 팔기 위해서는 그 물건에 대해 제조업체만큼 해박하게 잘 알고 있어야 하는 것은 기본이고, 그 물건을 살 고객들이 누구인지를 정확히 이해해야 한다. 그래야 어떤 상품을 어떻게 묶어서 구성하는 게 고객들에게 이로운지 답을 찾을 수 있다. MD나 PD가 짜주는 대로 앵무새처럼 대본만 읽다가는 모바일 라이브 커머스에서 결코 살아남을 수 없다.

결국 우리의 의견대로 판넬을 사용하기로 했고, 동선부터 해당 호텔이 가지고 있는 물품 소개까지 우리가 먼저 제안해서 진행했다. 숙박상품도 반얀트리만의 특성을 최대한 살려 네 가지 타입의 객실을 준비하기로 했다. 결과가 어떨지 아무도 예측할 수 없는 상황이었다. 일단 철저히 준비하여 부딪혀보는 수밖에. 다른 플랫폼에서도 숙박상품을 모바일 라이브 방송에서 판 적은 있지만, 네이버에서 라방으로 호텔 숙박권을 파는 기획 방송은 처음 있는 일이었다. 쇼호스트도 업체도 고객들도 모두가 낯설고 서툰 상황이었다. 그야말로 맨땅에 헤딩하는 심정이었다. 하지만 결과는 초대박이었다.

단가가 비싼 호텔룸 150개가 10분 만에 완판되었다. 우리도, 업체도 아니 그 누구도 예상하지 못한 결과였다. 우리가 했던 반얀트리 라방은 네이버 기획으로는 최초의 호텔 라방이었다. 당연히 호텔업계에서 큰 주목을 받았고, 마케팅 전문가들을 감동시켰다.

"TV홈쇼핑도 아니고, 모바일 라이브 방송으로 비싼 호텔룸을 10분 만에 완판시키다니!"

방송을 진행했던 우리 스스로조차 놀라웠다.

'세상이 달라지고 있구나, 빠르게 e-커머스 시장으로 넘어가고 있구나, 정말 큰 변화의 중심에 우리가 서 있구나!'

커다란 회오리의 한복판에서 세상의 변화를 온몸으로 체험하는 기분이었다. 무엇보다 이 방송은 우리 두 사람이 '체크인 체크아웃'이라는 팀명을 가지고 정식 라이브 방송 쇼호스트로 활동하기 시작한 계기가 되었다. 어떤 발판을 딛고 뛰어오르느냐에 따라 도약의 높이가 달라진다. 반얀트리 호텔 라방은 우리가 그 방송 이후에도 계속 완판 신화를 이어갈 수 있는 소중하고 단단한 발판이 되어주었다.

그렇다면 도대체 '라방'이 뭐길래 이렇게 난리가 났을까? 어떻게 단 10분 만에 값비싼 호텔 숙박권 150개를 팔아치우는, 완판 신화를 쓸 수 있었을까?

이제 '라방'의 신세계로 조금 더 자세히 들어가 보자.

2부

Start

—

라이브 커머스는
처음이에요

라이브 커머스 방송이 뭔가요?

유통업계 대세가 된 라방

"라방은 또 무슨 방이냐? 노래방? PC방? 한국에는 참 방도 많구나."

라방이라는 말을 처음 들었을 때는 이랬다. 그러나 요즘은 워낙 여기저기서 '라방'이라는 말을 자주 듣는다. 그야말로 라방이 대세다. '라방'은 라이브Live 방송을 줄인 말로 실시간 스트리밍 방송이라는 뜻. 여기에 '이커머스e-Commerce'를 줄여 커머스라는 단어까지 끼워 넣으면 요즘 가장 핫한 '라이브 커머스 방송'이라는 말이 완성된다. 즉 실시간 동영상 스트리밍을 통해 상품을 판매하는 채널이라는 거다. 지금 유통업계에서는 '라이브 커머스 방송'을 빼놓고는 얘기가 안 될 정도다. 도대체 라이브 커머스가 뭐길래 이럴까?

"실시간 판매 방송이라면 TV홈쇼핑 아냐? 뭐가 달라?"
"어휴! TV홈쇼핑은 엄마들이나 보는 채널이죠."

아직 라이브 커머스 방송을 즐겨보지 않는 사람들한테는 홈쇼핑이 더 익숙하겠지만, TV 자체를 잘 보지 않는 젊은 층에게

TV홈쇼핑은 그 자체로 생소한 채널이 되었다. 똑같은 물건을 팔아도 어떤 채널을 통해 파느냐에 따라 제품의 가치와 감성까지도 다르게 느껴진다.

상품을 보지 않고 구매하는 온라인 쇼핑이야 이미 오래전부터 유통의 중요한 축이었다. 그러나 코로나 팬데믹 이후, 우리의 일상은 더욱 빠르게 비대면 중심, 모바일 중심으로 넘어가는 중이다. 어찌나 변화가 빠른지 숨이 찰 정도다. 간신히 하나에 적응하고 나면 또 새로운 물결이 다가온다. 자고 일어나면 달라지는 환경에 따라가기가 벅차지만, 이 변화의 흐름을 잘 관찰하고 흐름을 타야 돈이 보인다. 특히 변화를 주도하는 젊은 층의 생활이 어떻게 달라지고 그들의 관심사가 어디로 옮겨가는지를 살펴보아야 한다. 그래야 새로운 사업 모델, 새로운 일자리를 찾을 수 있다.

1980년대 초반 이후 출생한 '밀레니얼 세대'와 1990년대 중반부터 2000년대 초반에 출생한 'Z세대'를 아울러 'MZ세대'라 부른다. 그들과 소통하지 않고 비즈니스를 말할 수 없고, 그들을 모르고 미래를 이야기할 수 없다. 새로운 세대는 현재와 미래가 어디로, 어떻게, 어떤 방향으로 나아가고 있는지를 가늠할 수 있는 바로미터다.

온라인·모바일에 익숙한 MZ세대는 지금 라이브 커머스에 빠져 있다. 라방을 보면서 놀고, 라방을 보면서 먹고, 라방을 보면서 쇼핑한다. 그렇다면 MZ세대는 왜 라이브 커머스 방송에 열광할까? 그들은 누가 일방적으로 던져주는 정보에 흥미를 느끼지 않는다. 그들은 직접 참여하길 원하고 쌍방향 소통을 원한다. 라이브 커머스는 비대면 시대, 이러한 구매자들의 욕구에 딱 맞는 쇼핑 방식이다.

업계에서는 오는 2023년까지 라이브 커머스 시장 규모가 10조 원까지 확대될 것이라고 전망한다. 2021년 11월을 깃점으로 라이브 커머스 플랫폼인 네이버 쇼핑 라이브는 누적 조회 수 7억 뷰를 돌파했으며 누적 거래액 5000억 원을 넘어섰다.

특히 코로나19로 외식이 줄어들면서 식품업계의 라이브 커머스 움직임이 활발하다.

신세계 푸드는 라이브 커머스를 시작한 지 3개월 만에 누적 뷰 100만 회를 돌파했다고 한다. CJ제일제당은 네이버 쇼핑 라이브에서 만두 판매를 진행했는데, 방송 1시간 동안 1만 봉이 넘게 팔렸다고 한다. 또한 방송 중 동시 접속자는 22만 명을 기록했다고 한다.

누구도 거스를 수 없는 새로운 판매방식 라이브 커머스. 당장 라이브 커머스를 켜고 직접 즐기고 참여해보면 알게 될 것이다. 지금 시장이 어디로 흘러가고 있는지.

헷갈리는 용어부터 차근차근

① 셀러, 컨슈머, 셀슈머, 셀마켓

새로운 환경과 새로운 시장이 열리면 낯선 단어들도 참 많이 등장한다. 익숙해서 아는 것 같지만, 분명하게 짚고 넘어가는 게 좋을 것 같다. 흔히 사용하는 몇 가지 단어들을 정리해보자.

우선, 실시간 스트리밍 동영상을 통해 물건을 판매하는 라이브 커머스에는 물건을 파는 판매자Seller, 셀러와 소비자Consumer, 컨슈머가 있다. 현대인은 누구나 셀러Seller, 판매자이면서 동시에 컨슈머Consumer, 소비자가 된다. 그래서 이 둘을 합친 셀슈머Sell-Sumer라는 말이 나왔다. 셀슈머는 셀러Seller, 판매자와 컨슈머Consumer, 소비자의 합성어로 인터넷상에서 서로 물건을 사고파는 사람을 가리킨다. SNS나 1인 미디어의 발달로 셀슈머가 등장했고, 이들은 단

순히 개인 간 거래를 통해 물건을 사고파는 데 그치는 것이 아니라 전문성과 유통 기능까지 갖추어가고 있다. 이들이 운영하는 개인 마켓을 셀마켓Sell-Market, 세포마켓이라고 부른다.

② 기획 셀러 VS 쇼호스트

셀러는 판매자라는 뜻이지만 라이브 커머스에서는 조금 더 포괄적인 의미로 '기획 셀러'라는 단어를 사용한다. 기획 셀러는 단순히 물건을 파는 사람이라기보다는 자신이 직접 제작, 생산한 물건을 자기 채널에서 파는 사람을 일컫는다. 직접 자신이 농사지은 농산물을 자신의 1인 방송에서 판다든가 자신이 운영하는 쇼핑몰의 물건을 온라인 동영상으로 홍보하는 사람들도 기획 셀러에 해당한다. 이들은 MD처럼 팔 물건을 정하고 조달하는 소싱의 역할도 맡고, 어떤 상품을 어떻게 팔지를 기획하기도 하며, PD가 하는 촬영 및 주문 관리까지도 도맡는 경우가 많다. 1인 라이브 커머스 셀러라면 당연히 고객서비스CS나 배송 관련 업무까지도 직접 챙겨야 한다. 1인 라이브 커머스에서 기획 셀러는 그야말로 전천후 만능이어야 한다.

반면 쇼호스트는 판매 홍보에 주력하는 사람이다. 과거 TV

홈쇼핑에서 쇼호스트는 방송 진행자의 역할이 컸다. 그러나 모바일 라이브 커머스에서 쇼호스트는 방송 진행자로서의 일만 하는 것은 아니다. 방송에 필요한 의상, 메이크업, 판매 방송에 대한 콘셉트나 아이디어, 방송 구성이나 진행을 위한 큐시트까지 직접 챙겨야 하는 경우가 많다. 어떤 경우에는 보다 좋은 상품을 판매 홍보하기 위해 영업·마케팅 역량까지 발휘해야 한다.

이 책에서는 물건을 아웃소싱하거나 직접 제작 판매하는 기획 셀러보다는 라이브 커머스를 진행하는 쇼호스트에 초점을 맞추어 다룰 예정이다.

③ 라이브 커머스 쇼호스트 VS 커머스 크리에이터

쇼호스트는 과거 TV홈쇼핑의 진행자처럼 제품을 홍보 및 판매하는 사람이다. 그러나 모바일을 기반으로 한 라이브 커머스 쇼호스트는 TV홈쇼핑의 쇼호스트보다 훨씬 자유롭고 텐션이 높아야 한다. 규제가 많은 TV에서 쇼호스트는 리포터나 아나운서처럼 정제되고 절제된 방송 진행자였다. 하지만 라이브 커머스 쇼호스트는 구매자들과 실시간으로 자유롭게 쌍방향 소통을 하기 때문에 훨씬 적극적이고 자유로운 진행자가 되어야 한다. 진행에 초점을 맞추기 때문에 직접 판매업체를 운영하기보다는 브랜드 업체나 에이전시 등에서 섭외가 오면 진행을 대행해주는 프리랜서인 경우가 많다.

커머스 크리에이터는 1인 미디어에 특화된 경우가 많다. 혼자서 상품 판매·마케팅 관련 콘텐츠를 기획·제작·방송하는 인플루언서에 가깝다. 진행 자체뿐만 아니라 기획, 제작에 더 방점이 찍힌다. 대부분의 인플루언서는 '콘텐츠 크리에이터'라 부를 수 있다. 먹방, 헬스, 뷰티 등 자신만의 콘텐츠를 바탕으로 수백만 구독자와 팔로워를 가진 크리에이터는 그 자체로 큰 영향력이 있다. 연예인 같은 셀럽이나 인플루언서들이 움직이면 판매력이 커진다. 그 힘을 이용하는 게 바로 커머스 크리에이터다. 특히, 요즘은 유튜브를 비롯한 다양한 SNS에 마켓 기능이 추가되어 개인 SNS 계정 내에서 판매와 결제 시스템까지 편하게 관리된다. 개인이 이커머스 시장에 뛰어들 수 있는 허들이 보다 낮아진 셈이다.

유튜버들의 뒷광고가 논란이 되어 요즘은 영상에 '유료광고가 포함되어 있다'는 표시를 하지만, 커머스 크리에이터는 광고와 판매 자체가 방송의 목적이다. 광희가 활약 중인 유튜브 채널 〈네고왕〉의 경우 광고 효과가 엄청나다. 광희가 회사나 기업대표를 찾아가 가격 네고, 이벤트 네고 등을 하는데, BBQ 편은 조회수가 700만 뷰가 넘었고, 하겐다즈 편은 500만 뷰가 넘었다. 라이브 커머스 쇼호스트처럼 "이거 얼마다, 이거 사라."하는 식의 직접적인 판매방식은 아니지만, 커머스 크리에이터들의 마케팅 효과는 실로 대단하다. 잘나가는 컨텐츠의 경우는 과거 황금시간대 TV 광고 효과 못지않다. 창의적인 콘텐츠가 가진 힘이다. 요즘은 특정 분야에서 전문성을 인정받은 유튜버들이 '라방(라이브 커머스 방송)'의 쇼호스트로 활약하는 경우도 많다. 셀럽이 라방을 하는 경우도 있지만, 라방을 통해 셀럽이 되는 경우 또한 많아지고 있다.

요즘 잘나가는 라이브 커머스 플랫폼은 뭘까?

채팅으로 소비자와 소통하면서 상품을 판매하는 라이브 커머스는 기본적으로 모바일 기반이다. 스마트폰으로 플랫폼에 접속하여 실시간 라이브 방송을 찍고, 고객과 스마트폰으로 직접 소통한다. 소통과 쇼핑과 놀이를 동시에 즐기는 MZ세대의 소비문화다. 요즘은 TV홈쇼핑에서도 채팅창을 통해 고객과 소통하려고 노력 중이지만, 모바일 라이브 커머스처럼 다양한 간접체험 요소나 재미를 가져오기는 어렵다. 플랫폼이 가진 편리한 소통방식을 TV가 다 담아내기에는 부족한 면이 있다. 유통시장은 지금,

빠르게 라이브 커머스 플랫폼으로 대이동 중이다.

그럼, 요즘 잘나가는 라이브 커머스 플랫폼은 어떤 게 있을까?

국내 대표적인 라이브 커머스 플랫폼의 양대산맥은 네이버의 '쇼핑 라이브'와 카카오의 '쇼핑 라이브'다. 그밖에도 티몬의 '티비온TVON라이브', CJ올리브영의 '올라이브', 롯데의 '온라이브 ON Live' 등 대형 쇼핑업체도 라이브 커머스 플랫폼을 운영 중이다. 배달업체 배민의 '배민 쇼핑 라이브'나 패션 유튜버를 통해 진행되는 무신사의 '무신사 라이브'도 화제다. 라이브 커머스 전문 플랫폼인 '그립Grip'이나 '소스라이브Saurcelive', '보고VOGO' 등도 있다. 각각의 플랫폼마다 특징이 있고, 참여하는 방법이 다르다.

우선 카카오의 '쇼핑 라이브'와 '소스라이브', '보고' 등은 아무나 들어가서 라이브 커머스를 할 수 있는 시스템은 아니다. 이들은 판매자 참여형 플랫폼이 아니기 때문에, 라이브 커머스를 진행하고 싶은 상품이 있다면 제안서 등을 플랫폼 업체에 제출하고 협의해야 한다. 대신 제안서가 통과되면 방송 진행에 필요한 촬영과 방송 기획까지 플랫폼 업체에서 도움을 준다. 그러나 제안서를 미리 제출해야 하는 등 높은 진입 장벽을 부담스러워하는 셀러들이 많았다. 때문에 최근에는 카카오의 '쇼핑 라이브'도 일부 방송에 대해 각 업체나 개인이 직접 기획하고 방송을 내보낼 수 있도록 변화를 꾀하는 중이다.

반면 네이버의 '쇼핑 라이브'나 '그립' 또는 '쿠팡 라이브' 등은 플랫폼에서 제시하는 일정 조건만 맞으면 누구나 직접 라이브 커머스를 진행할 수 있다. 예를 들어 스마트 스토어를 기반으로 이루어지는 네이버 쇼핑 라이브의 경우, 기존에는 스마트 스토어 파워 등급 이상의 조건을 갖춰야 했다. 판매 건수도 300건 이상, 판매 금액은 800만 원 이상 등의 조건도 필요했다. 그러나 2021년 6월부터는 이러한 조건이 사라졌다. 스마트 스토어 새싹 등급도 라방을 할 수 있게 장벽이 낮아진 것이다. 단, 판매 건수 100건 이상, 판매 금액 200만 원 이상이라는 최소 조건은 충족해야 한다. 이 정도 조건만 갖추면 신청 없이도 바로 라방을 진행할 수 있는 권한이 부여된다.

쿠팡도 2021년 12월 '쿠팡 라이브 크리에이터' 앱을 안드로이드 플레이 스토어에 공개하고 라이브 커머스 서비스 '쿠팡 라이브'를 전개하기 시작했다. 쿠팡 라이브는 기본적으로 '자유주의 라이브'를 지향한다. 쿠팡이 아닌 3자 라이브 참가자가 직접 콘

텐츠를 기획하고 방송을 하게 될 것 같다. 아마 일반 판매자도 어렵지 않게 참여할 수 있는 형태로 자리 잡아갈 것이다.

중국 왕홍이 온다_쇼핑 판도 대격변

라이브 커머스에서 립스틱을 파는 한 남자. 팔로워 수가 8천만 명이며, 연 수입은 270억이 넘는다. 바로 립스틱 오빠라는 닉네임을 가진 중국의 왕홍 리차지다. 세상에, 팔로워 수가 8천만 명이라니! 우리나라 인구수보다 많다. 도대체 왕홍网红이 뭐기에 어마어마한 힘으로 사람들을 움직이며 립스틱 하나를 날개 돋친 듯 팔아치우는 걸까?

'왕홍'은 중국의 인터넷 스타를 부르는 말이다. 중국 SNS 플랫폼인 웨이보나 타오바오에서 주로 활동하는 1인 크리에이터인 이들은 인터넷에서 유명한 인플루언서다. 왕홍들은 인터넷 생방송을 통해 시청자들과 빠르고 재밌게 소통한다. 시청자들은 왕홍에게 몰입하고 열광한다. 생동감 넘치는 라이브 방송의 위력이다. 연예인보다 더 많은 팔로워를 가진 왕홍들은 연예인보다 더 많은 돈을 벌어들인다. 지금 중국의 유통시장은 이들 왕홍이 쥐락펴락하고 있다.

우리나라의 라이브 커머스 시장도 중국의 왕홍처럼 새로운 스타를 키워낼 것이다. 립스틱 하나를 파는 데도 고정 팬이 생기고, 이 고정 팬을 통해 엄청난 판매를 일으키는 식으로 소비문화가 바뀌어가는 중이다. 팬덤 문화는 유통에서도 아주 중요한 축이 되었다. 아직 초기 단계인 우리나라의 라이브 커머스 방송에서 쇼호스트는 중국의 왕홍처럼 파워를 가진 스타로 발돋움해나갈 것이다. 단순히 물건 하나를 파는 데 그치는 게 아니라 왕홍처럼 생생한 재미와 소통과 대리만족을 통해 시청자들과 함께 호흡하면서 고정 팬을 확보해나가야 한다. 그러면 물건이 주인공이 아니라 물건을 파는 사람이 주인공이 된다. 그 물건이 필요해서 산다기보다 그 사람이 팔기 때문에 사게 되는 거다. 왕홍의 등장으로 제품 파워보다 셀러 파워가 더 커진 것이다.

물건 파는 방송 진행자인 쇼호스트의 역할이 과거 TV홈쇼핑 쇼호스트와 달라야 하는 지점이다. 커머스 방송, 쇼핑 방송이라고 해서 그냥 물건만 판다고 생각하면 큰 착각이다. 라방의 쇼호스트에게는 갈수록 콘텐츠 크리에이터로서의 역할과 재능이 요구되고 있다.

라이브 커머스에서 쇼호스트란?

자영업자나 소상공인들도 앞으로는 점차 디지털 사업으로 전환해야 한다. 옷 가게 매장 하나를 운영하더라도 온라인 마켓을 염두에 두어야 한다. 살아남으려면! 어떤 사업이든 오프라인에서 판매가 이루어지더라도 온라인과 병행하는 게 필수다. 온라인 마케팅의 중요성은 더 말할 것도 없다. 라이브 커머스의 판도 점점 커지고 있고, 판이 커질수록 쇼호스트에 대한 수요도 기하급수적으로 늘고 있다.

그러나 라이브 커머스가 중요하다고 해서 모든 판매자가 직접 라이브 커머스를 진행하기는 사실 쉽지 않다. 기업체에서 자체 쇼호스트를 두고 라이브 방송을 진행하는 것도 여의치 않다. 대부분은 외주 대행사에 맡기는 경우가 많고, 프리랜서 쇼호스트를 섭외하는 일이 늘 수밖에 없다. 쇼호스트에 대한 수요는 앞으로도 꾸준히 늘어날 전망이다.

쇼호스트는 자신이 직접 제품을 제작, 소싱하지 않고 위탁판매로 라이브 방송을 진행한다. 구매자들과 적극적인 상호작용을 하면서 엔터테인먼트적인 요소나 커뮤니케이션 능력을 발휘한다. 제품 배송이나 A/S, CS 등의 부담은 덜 수 있다. 대신 쇼호스트는 철저하게 판매 실적으로 말해야 한다. 결국 얼마치를 팔았느냐가 관건이고, 얼마큼의 사람을 모아서 얼마나 팔 수 있는 사람이냐가 곧 쇼호스트의 몸값을 결정한다.

수많은 백화점, 마트, 쇼핑몰, 호텔, 명품 숍까지 상품을 홍보하고 판매해야 하는 업체들은 수도 없이 많다. 그런데 업체들 대부분이 판매 진행을 전문 쇼호스트에게 맡기고 싶어 한다. 라이브 커머스를, 자기 채널이나 자체 스토어에서 직접 만든 제품을 파는 것만으로 생각해선 안 된다. 내 개인 스토어를 가지고 있지 않더라도 프리랜서 전문 쇼호스트로서 얼마든지 역량을 발휘하면서 활동할 수 있다. 쇼호스트가 되는 허들은 과거보다 훨씬 낮아졌고, 쇼호스트를 원하는 시장은 넓어졌다. 누구나 충분히 도전해볼 만한 직업이다.

모바일 쇼호스트의 첫걸음

개인 SNS를 통한 셀러, 꼭 인플루언서여야만 할까?

사람이 모이는 곳에 돈이 있다. 인플루언서는 사람을 끌어모으는 사람이고, 끌어모은 사람들에게 어떤 식으로든 영향력을 행사할 수 있는 사람이다. 인플루언서를 통하면 당연히 홍보 효과도 크고, 매출도 끌어올릴 수 있을 것이다. 인플루언서가 가진 맨파워는 돈이 되고 권력이 되니까. 그러니 누구나 가능하면 인플루언서가 되려고 한다. 그래야 돈도 벌고, 선한 영향력도 끼치며 사회구성원으로서 긍정적인 역할도 한다.

"하지만 어디 인플루언서가 되는 게 쉽나. 하루아침에 되나. 남들처럼 끝내주는 외모와 화려한 라이프 스타일로 단박에 팔로워를 끌어모을 수 있는 것도 아닌데!"

물론 그렇다. 쉽지 않다. 어렵다. 하지만 쉬운 것만 골라 하면서 성공하겠다는 건 놀부심보다. 도전하고 꿈꿀 때만 길이 보이고 길이 열린다. 요즘은 외모가 권력인 시대라 '아름답지 않은 나'는 SNS에 셀카 한 장 올리는 것도 자신 없다고 한탄하는 사람들을 많이 봤다. 물론 외모가 권력인 시대인 건 맞다. 하지만 아름다움의 기준은 사람마다 다르다. 꼭 연예인처럼 아름다운 외모를 가진 사람만이 인플루언서가 되고 쇼호스트가 되는 건 아니다. 아름다운 외모가 유리할 순 있지만, 절대적이지는 않다.

진짜 중요한 건 자신의 매력이 무엇인지 아는 거다. 그 매력을 정확하게 어필하고, 타인과 소통할 수 있으면 된다. 여기서 진짜 문제는 자신감 없는 마음과 태도다. SNS 공간에서조차 나 자신을 드러내는 걸 주저하는 소극적인 자세로는 타인의 지갑을 열기 힘들다.

모든 셀러가 인플루언서일 수는 없고 그럴 필요도 없지만, 매 순간 소극적인 자세로는 셀러도 인플루언서도 될 수 없다. 100만 팔로워를 움직이는 인플루언서는 아니더라도, 100만 명의 마음을 사겠다는 각오와 할 수 있다는 자신감은 꼭 필요하다. 무엇을 하든 자신감과 적극성은 기본이다. 못생기면 못생긴대로, 뚱뚱하면 뚱뚱한 대로 키가 작으면 작은 대로, 크면 큰 대로, 다 특장점이 될 수 있다. 카메라 앞에 선다고 해서 모두 천편일률적인 미모를 가져야 하는 게 아니다. 개성과 자신감, 긍정성이 시청자들에게 전달된다면 누구든 성공할 수 있는 게 이 시장이다.

'자기 PR시대'라는 말은 이미 2000년대 이전부터 화두였다. '겸손이 미덕은 아니다'라는 말도 이미 진리가 되었다. 자기를 PRPublic Relation, 홍보할 수 있는 채널이 24시간 내내 우리 손 안에 있다. 나를 알리고, 나를 팔기에 이보다 더 좋을 수 없는 환경이다. 온라인에서 나를 브랜딩하고 불특정 다수와 소통하고 그들이 나의 매력에 기꺼이 '좋아요'를 누를 수 있도록 만들어라. 그러면 그때부터 장사의 길이 조금씩 보인다. 아무도 거들떠보지 않던 상품이 팔리기 시작할 거다.

나라는 존재 자체가 설득력을 가지게 만들어야 한다. '매력적인 사람'이 파는 물건이니까 사람들이 기꺼이 지갑을 연다. 따라 하고 싶고 닮고 싶어서! 이 마음은 단순히 아름다운 외모 때문만은 아니다. 이 점을 명심해야 한다. 어느 한 사람이 가진 매력은 말투, 맵시, 감각, 아우라 등 모든 것을 두루 포함한다. 내가 가진 장점이 무엇인지, 내가 가진 매력이 무엇인지를 아는 것. 그게 첫걸음이다.

특히, 프리랜서 쇼호스트는 본인의 SNS 채널에서 수십만 팔로워를 가지지 않더라도 시작할 수 있다. 업체의 채널을 통해 판매하면서 방송을 통해 내가 가진 장점을 극대화시켜 보여줌으로써 매출을 끌어올릴 수 있다. 모바일 라이브 커머스 방송은 쇼호스트가 가진 장점과 매력을 돋보이는 데 최적화된 채널이다. 자신이 가진 끼를 마음껏 발산해볼 수 있는 공간이기도 하다. 막연하게 혼자 유튜브를 시작하는 것보다 훨씬 현실적인 선택지가 될 수도 있다.

쇼호스트 아카데미, 꼭 다녀야 할까?

모바일 쇼호스트가 되는 방법은 여러 갈래다. 블로그, 인스타 등 SNS를 열심히 하다가 인플루언서가 되어 우연히 기회가 닿는 경우도 있고, 스피치 학원이나 스튜어디스 학원에 다니다가 주변 권유로 시작했다는 사람도 있다. 또 어떤 사람은 인터넷이나 모바일 앱에 스토어를 입점한 뒤, 셀러인 자신이 직접 라이브 커머스를 진행하는 경우도 있다. 그러나 무엇보다 모바일 쇼호스트를 하고 싶어 하는 대부분의 사람들이 가장 먼저 떠올리는 건 바로 아카데미다.

라이브 커머스 시장이 커질수록 모바일 쇼호스트를 양성한다는 아카데미나 교육센터가 우후죽순 생겨나고 있다. 학원 수강료도 만만치는 않다. 내가 2019년에 등록할 때는 380만 원 정도였는데, 아마 수강료는 해마다 오르고 있을 것이다. 그렇다면 이 적지 않은 돈을 내고 쇼호스트 아카데미학원을 꼭 다녀야 할까?

인플루언서도, 스마트 스토어 입점도 갈 길이 멀다면, 경력은 없지만 돈과 열정이 준비되었다면 아카데미를 다니는 게 나쁜 선택은 아니다. 일단 방법과 길은 알려주니까. 하지만 그게 다다. 방법과 길을 알려준다고 모두가 그 길을 무사히 잘 걷게 되는 건 아

니니까 너무 큰 기대를 해서는 안 된다. 아카데미가 다 책임져주는 건 아니란 말씀! 결국은 본인 몫이 8할이다. 말 그대로 첫발, 기본기를 배우는 과정이라고 생각하면 좋겠다.

아카데미의 커리큘럼은 크게 발성, 발음 등 아나운싱 과정과 상품 소구점 잡는 법, 집중멘트 등 상품 피티에 대한 과정으로 나뉜다. 피티 과정은 직접 카메라를 켜고 실전처럼 연습과 평가를 진행한다. 이 부분이 특히 도움이 된다. 방송 경험이 전혀 없는 사람은 사실 처음 스마트폰을 켜놓고 말하는 것 자체가 어색하고, 낯설다. 누군가 나의 영상을 보고 고칠 점, 장점 등을 객관적으로 모니터링해주는 게 확실히 실전 공부가 된다. 또 동료, 강사 등과 인맥을 쌓을 수도 있다. 그렇다고 이 인맥이라는 게 엄청난 고급 정보를 얻을 수 있는 대단한 인맥은 아니다. 그냥 운이 좋으면 괜찮은 선배 한 명 만날 수 있는 정도로만 기대하면 족하겠다.

모바일 쇼호스트 아카데미를 졸업했다고 해서 바로 방송이 잡히고, 브랜드 업체와 연이 닿는 건 아니다. 기본기를 익히고 나면 그때부터는 각개전투다. 아카데미에 다니지 않고 기본기를 스스로 익히고 바로 전투에 뛰어드는 사람도 있고, 그렇게 해서 잘되는 사람도 많으니 아카데미가 필수라고 말하긴 어렵다. 아카데미 출신에 젊고, 외모도 되고, 말도 잘하는데 방송을 못하는 경우도 많이 봤다. 이 차이는 뭘까?

결국 본인의 적극성과 열정이 중요하다는 뜻이다. 아카데미는 처음 길을 터줄 수는 있지만 밥을 떠먹여 주거나 책임을 져주지는 않는다는 점을 감안하고 시작했으면 좋겠다.

특히, 우후죽순 생겨나는 수많은 아카데미 중에서 각각 특징이 있기에 나의 장점은 잘 살려주고 단점은 보완해줄 수 있는 곳을 선별해야 한다. 이 책에서 아카데미 리스트를 공개하여 추천, 비추천 해줄 수는 없지만, 리뷰를 꼼꼼히 확인하고 직접 방문 상담하여 신중하게 선택하길 바란다.

누가 나를 써줄까, 대행사 문 두드리기

자, 이제 나는 모바일 쇼호스트 아카데미를 수료했다. 어디에서도 나를 찾는 전화는 오지 않는다. 그럼 오늘부터 무엇을 해야 할까?

우선 가장 먼저 해야 할 일은 프로필 사진을 찍고 이력서를 쓰는 것! 대기업 쇼호스트 공채를 보든, 에이전시를 통해 업체와 라방을 하든 프로필과 이력서는 중요하다. 나의 첫인상이니까. 그렇다고 과한 포토샵으로 실물과 너무 다른 프로필 사진을 사용하는 건 좋지 않다. 되려 마이너스가 되는 경우도 있다. 천편일률적인 스타일과 화장과 얼굴은 오히려 특징적인 인상을 남기지 못할 수도 있다. 단정하고 깔끔한 이미지, 편안하고 신뢰감 있는 표정으로 좋은 인상을 주는 정도면 된다.

무엇보다 라이브 커머스 방송에서는 뉴스 진행자 같은 딱딱한 쇼호스트만 원하는 게 아니기 때문에 과하지 않은 선에서 자신의 개성을 드러내는 게 좋다.

잊지 말자. 모델이나 배우 오디션을 보는 게 아니다. 어디까지나 쇼호스트는 물건을 잘 팔 것 같은 인상을 주는 게 핵심이다. 밥솥을 팔 때는 너무 예쁘고 깡말라서 밥 한 톨 안 먹게 생긴 사람보다는 밥을 잘하고 부엌살림을 잘할 것 같은 사람이 훨씬 좋다. '나는 안 예쁘다'고 한탄하며 좌절하지 말고, 그럴 시간에 전문가다운 포스를 장착해보려는 노력을 하는 게 낫다는 뜻이다.

자신의 개성을 극대화시켜 매력적인 나만의 장점으로 어필할 것! 가장 중요한 1단계 미션이다.

이력서를 쓸 때도 자기 자신을 제대로 아는 것이 중요하다. 방송 경력이 없다고 언제까지 텅 빈 이력서를 바라보기만 할 것인가. 개인 SNS 팔로워, 여행 이력, 패션, 요리, 인테리어, 메이크업 등 자신이 좋아하고 잘 아는 분야에서 쌓은 내공을 보여주면 된다. 모바일 쇼호스트는 다양한 경험과 소통 능력이 중요하다. 나이나 성별에 구애받지 않는 이유다. 젊고 예쁜 쇼호스트보다 주부들이 더 잘할 수 있는 분야도 있을 것이다.

이력서와 프로필 사진이 준비됐다면 더 망설일 필요가 없다. 누군가 나를 찾아줄 때를 기다리지 말고 내가 먼저 문을 두드려보자. 사냥터에서는 아무도 내 앞에 먹잇감을 물어다 주지 않는다. 아무도 내 앞에 밥상을 차려다 대령해주는 사람은 없다.

평소 내가 좋아하고 잘 쓰는 제품이 있다면 딱 2개만 선정해보자. 그리고 그 업체에 메일을 보내거나 찾아가 보자. 무작정 찾아가거나 메일을 보내서 무슨 말을 하냐고? 요지는 이거다.

'난 이 물건을 오랫동안 사용한 사람이다. 이 물건은 이러이러한 장점이 있더라. 이 점을 소비자들에게 강조하여 물건을 팔아보고 싶다. 너희 회사는 이러이러한 회사이며, 이런 식의 광고를 많이 하더라. 그런데 나는 실질적인 소비자로서 이런 점이 더 부각되어야 한다고 생각한다. 나의 SNS에서 공동구매를 하는 방법도 있고, 어느 플랫폼에서 라이브 커머스 방송을 해보고 싶기도 하다.'

소비자로서 제품을 분석해보고, 그 회사의 마케팅이나 광고 등에 대한 의견도 말해주면서 판매 방송을 해볼 수 있는 기회를 만들어내는 거다. 거절당하는 걸 두려워하지 말고 적극적으로 문을 두드려보자. '어떤 업체가 평범한 나한테 관심을 가져주겠어?' 라고 생각할지 모르지만, 의외로 많은 업체에서 소비자들의 리뷰를 원하고 라방 판매를 원한다. 물론 경력이나 인지도가 없는 쇼호스트라면 처음부터 몸값을 높여 받을 수는 없을지도 모른다. 하지만 매출 성과에 따라 페이는 분명히 달라진다. 자신이 충분히 사용해본 물건, 잘 알고 있는 제품, 아이템에 대한 해석력이 좋으면 구매자들의 지갑을 충분히 열 수 있다.

쇼호스트와 브랜드 업체를 서로 연결해주는 에이전시도 많다. 직접 업체에 메일을 보내지 않고 에이전시를 찾아가는 것도 방법이다. 에이전시에 이력서 한 장 보내놓고 연락 안 온다고 포기하지 말고 직접 찾아가 보자. 찾아가서 나를 보여주자. 나의 말투, 나의 인상, 나의 스타일을 직접 보면 서류만으로 나를 대할 때와 분명 차이가 있을 것이다.

무엇을 팔 것인가

먹방, 화장품, 쥬얼리 등 한번 성공한 상품의 콘셉트는 계속 따라다닌다. 그래서 자신의 이미지와 어울리는 상품 아이템을 고르는 것은 매우 중요하다. 자신이 정말 좋아하는 상품을 찾는 것도 성공으로 가는 지름길이다.

우리는 아기엄마였다. 당연히 영유아 제품에 관심이 많았고, 유아용품 분야의 제품 사용 경험도 많았다. 그래서 처음 팔았던 제품은 출산준비물부터 신생아 용품이었다. 이미 아기를 낳고 키운 경험이 있었기에 초보 엄마들에게 해주고 싶은 이야기들이 너무 많았다.

젖병 하나를 사더라도 안전성, 편리성 등 따져보아야 할 게 한두 개가 아니다. 엄마들이 깐깐하게 고르고 싶어 하는 마음과 궁금한 점들을 누구보다 우리가 잘 꿰뚫고 있었다. 아기를 키워본 적 없거나 키워본 지가 너무 오래된 쇼호스트라면 아무래도 어려웠을 것이다. '요즘 엄마'들의 관심과 취향과 니즈를 정확히 짚어내기에는 분명 한계가 있을 테니까.

첫 단추로 영유아용품을 팔았던 이미지 때문인지, 그 이후로도 유아용품 방송을 많이 했다. 아무래도 한번 만들어진 이미지는 빠르게 고착되며 쉽게 바뀌기 어려운 특성이 있다. 따라서 처음에 어떤 콘셉트를 잡아가느냐가 굉장히 중요하다. 자기 자신을 아는 게 무엇보다 중요하다는 점을 계속 강조하는 이유도 그 때문이다.

우리는 반얀트리 완판 신화를 만들어낸 후 아예 호텔&리조트 전문으로 방향을 잡았다. 우리가 고급 호텔 숙박권을 모바일 라이브 방송으로 판매한 게 이슈가 됐을 만큼 숙박업계는 라방의 불모지였다. 그 첫 경험에서 우리도, 업계에서도 가능성을 본 것이다. 우리는 팀 이름도 '체크인 체크아웃'으로 정하고 본격적으로 포트폴리오를 만들었다.

얼마 후, 호텔 예약 플랫폼 시스템업체로부터 섭외 요청이 들어왔다. 당연히 호텔 마케팅 담당자가 반얀트리 판매 방송을 눈여겨본 덕분이었다. 이 호텔 예약 플랫폼은 특 5성급 호텔만 취급하는 곳이었다. '고급 호텔'을 파는 쇼호스트로서의 이미지는 우리에게도 매우 중요했다. 절호의 기회를 놓치지 않기 위해 우리도 적극적으로 나섰다. 업체를 직접 찾아가 반얀트리 숙박권을 성공적으로 판매할 수 있었던 이유를 어필했고, 자신감을 보여줬다.

업체가 우리를 선택하도록 만들려면 '왜 우리가 필요한지, 우리가 다른 쇼호스트들이 갖지 못한 무엇을 가지고 있는지'를 보여주어야 한다. 그것은 누가 손에 쥐어주는 게 아니라 스스로 만들어가야 한다.

평상시에도 딱 떨어지는 정장 입는 걸 좋아하는 나의 성향은 단정하고 세련된 호텔리어의 이미지와 맞아떨어졌다. 고급 호텔 상품으로 콘셉트를 잡았다면 쇼호스트로서의 이미지도 그에 걸맞게 가야 한다. 명품가방을 팔면서 떡볶이 먹방 쇼를 하듯이 라방을 할 수는 없잖은가. 뿐만 아니라 그 분야에 대해 공부도 해야 한다. 호텔룸부터 수영장, 사우나, 키즈룸 등 부대시설까지 직접 이용해본 느낌을 조목조목 정리해두어야 한다. 명품가방을 소비하려는 구매자의 심리를 누구보다 잘 이해하고 있어야 하며, 그들의 니즈를 제대로 파악하고 있어야 하는 게 당연하다.

결국 호텔 예약 플랫폼 시스템업체를 통해 파라다이스 부산, 여의도 페어몬트, 제주 히든 클리프 등 꽤 많은 호텔&리조트 업체에서 우리 '체크인 체크아웃'을 만나보고 싶어 했다. 방송이 끝난 후에는 모든 업체에서 과분한 칭송과 감사를 전해주셨다. 해

당 호텔 직원보다 더 호텔에 대해 자세히 알고 있다며 놀라워했다. 노력과 준비가 만들어낸 결과였다. '무엇을 팔 것인가'에 대한 고민이 조금씩 답을 찾아가고 있었다.

브랜드 업체를 끝까지 만족시켜라

우리는 '체크인 체크아웃'이라는 이름에서도 알 수 있듯이 호텔&리조트 전문 쇼호스트로서 커리어를 만들어가기 시작했다. 호텔이나 리조트의 상품은 모자 하나 립스틱 하나 파는 것과는 많이 달랐다. 일단 업체의 규모도 컸고, 고급 호텔들인 만큼 요구 사항도 많고 까다로웠다. 특히 부산 P호텔과의 방송은 두고두고 기억에 남는다.

P호텔의 총지배인은 프로의식이 매우 강한 분이었다. 본인이 프로페셔널한 만큼 아래 직원들이나 쇼호스트들에게도 까탈스러 우리만치 요구가 많았다.

'바캉스 온 아나운서 콘셉트로 진행할 것. 너무 들뜨지 않고 너무 지루하지도 않게!'

총지배인님이 쇼호스트인 우리에게 원한 콘셉트는 이것이었다. 그러나 이게 어디 말이 그렇지 쉽겠나. 바캉스 온 아나운서라니 얼마나 애매모호한가. 게다가 타깃층을 특정하지도 않은 전 연령 대상 라이브 방송이었다. 테크니컬한 리허설만 10회 이상을 했다. 우리가 반얀트리 숙박권을 10분 만에 완판한 비결을 이야기해도 그 성과를 그대로 인정해주지 않는 것 같았다. 아니, 그 정도로는 만족하지 않는 것 같았다.

특히, 부산 P호텔에서의 라이브 방송은 현장 변수가 많았다. 실전에서 불가피한 문제가 속출할 수도 있는 상황이었다. 넓은 호텔 구석구석을 돌아다니며 모바일로 방송을 내보내는 것이라, 어디서든 와이파이가 잘 터져야 했고, 동선도 잘 짜야 했다.

그런데 리허설을 거듭할 때마다 동선이 계속 바뀌었다. 화면에 수영장이 보이는 각도까지 계산해야 했고, 호텔의 어떤 배경을 어떻게 보여주면서 어떤 멘트를 쳐야 하는지, 각각의 장소에 몇 분 동안 머물러 있어야 할지도 미리 완벽하게 콘티를 짜야 했다. P호텔의 특장점에 대한 빠삭한 정보 습득은 기본이었다. 같은 계열사의 인천 P호텔 객실 판매율과 즉각적으로 비교가 되는 상황이라 무엇보다 판매 실적에 대한 부담도 만만치 않았다. 브랜드 업체 측도 쇼호스트도 예민할 수밖에 없었다. 그래도 우리는 밝은 얼굴로 현장을 리드했다. 끝까지 브랜드 업체를 만족시켜야 했다. 방송 하나하나가 우리의 얼굴이고, 경력이고, 상품이었으므로. 힘들고 까다로울수록 일을 잘 끝냈을 때의 성취는 빛나는 법이다.

똑같은 동선을 수십 번 왔다 갔다 하면서 워낙 꼼꼼하게 체크하는 우리 모습에 악명 높던 총지배인의 모습도 조금씩 달라졌다. 몇 번의 리허설이 끝난 후에는 직접 손난로를 챙겨주셨고, 마지막 리허설이 끝났을 때는 커피까지 손수 챙겨주셨다. 관계자들 말로는 지금까지 한 번도 없던 일이라고 했다. 언제 어디서든 요령 피우지 않고 진심으로 열심히, 긍정적으로 임하면 그 진심이 전달되게 마련이다. 결과에 대해 초조해하는 사람들이 많을수록 쇼호스트는 자신감을 가지고 브랜드 업체 측을 안심시킬 수 있는 여유도 가져야 한다.

차분하게 복잡한 동선을 다 흡수하고 실수 없이 성공적으로 방송을 마쳤다. 부산의 밤바다도 너무나 아름답게 잡혔다. 비록 커머스 방송이었지만 시청자들은 로맨틱한 호텔 분위기와 '바캉스 온 아나운서' 같은 쇼호스트의 진행에 기꺼이 지갑을 열었다. 300객실을 15분 만에 완판했고, 추가로 50객실을 더 열었는데 그것도 5분 만에 완판했다. 그야말로 업계의 새로운 신화를 쓴 것이다. 우리 자신도 믿기지 않을 만큼 놀라운 결과였다.

다음 날 아침에 일어났더니 난리가 났다. 부산 P호텔 완판 기사가 포털에 도배 되다시피 했다. 우리가 진행한 라방의 캡처 화면이 올라왔고, 더불어 '체크인 체크아웃'이라는 우리의 팀 이름도 알려졌다. 업계 마케팅 관계자들 중에 우리 기사를 보지 않은 사람이 없을 정도였다.

반얀트리 방송 때부터 그랬지만, 의상을 둘이 콤비로 맞춰입은 것도 업체에서 매우 좋아했다. 아마 우리가 각각 따로 섭외한 쇼호스트였다면 그러한 의상 콘셉트를 맞추기란 어려웠을 것이다. 우리가 팀이기에 가능한 이점이 얼마나 많은지 방송을 하면 할수록 분명히 알 수 있었다.

우리는 한마음 한뜻으로 방송 끝까지 최선을 다했다. 아무리 까다로운 업체라도 그들의 요구를 긍정적으로 수용하고 조율하고 만족시키려고 노력했다. 그러자 '체크인 체크아웃'에 대한 인지도와 만족도는 쭉쭉 올라갔다.

라방이 돈이 된다고요?

돈 잘 버는 쇼호스트만의 비책

부산 P호텔 라방 이후 업계에서는 '체크인 체크아웃'의 호텔 파워에 주목하기 시작했다. 더불어 우리의 라방 카테고리의 방향도 '고가 상품' 쪽으로 자리를 잡아갔다. 청담동의 고급 가구, 명품(구찌, 디올, 프라다 등) 가방과 화장품, 주얼리 귀금속, 백화점 의류 브랜드 등에서도 섭외 요청이 들어오기 시작했다.

한번 만들어진 쇼호스트의 이미지는 관련 분야나 비슷한 이미지를 가진 상품으로 확대되기 마련이다. 맨 처음 자신의 이미지를 잡는 첫 단추가 중요한 이유다. 헬스에 관심 많은 몸짱이라면 헬스 관련 상품을, 자신이 뚱뚱하다고 생각하면 체중이 많이 나가는 사람들을 위한 오버사이즈 옷이나 란제리류도 괜찮다. 피부가 좋고 화장에 관심이 많다면 뷰티 쪽, 나이가 있는 중년이라면 실버 대상 화장품이나 건강식품도 도전해보면 좋은 분야다. 전문 분야를 만들어 자신만의 커리어를 쌓아가다 보면 분명히 성과가 나온다. 자신에게 맞는 분야를 특정하여 공략하는 게 중요하다.

몇 번의 완판 신화로 초보 쇼호스트의 이미지를 탈바꿈하고 나면 조금씩 몸값이 높아진다. 라방을 시작한 지 1~2년 만에 '체크인 체크아웃'은 월 1천~2천만 원 정도의 수익을 꾸준히 올리고 있다. 총 소득을 두 사람이 5:5로 나누더라도 1인당 한 달에 최소

500만 원에서 1천만 원 이상의 수익금을 가져간다. 이 정도 벌려면 다이어리에 매달 스케줄이 빼곡하고, 미팅과 사전 준비로 종종 바쁜 하루를 보내야 한다. 하지만 그 와중에도 유치원생 아이들의 돌봄을 남에게 맡기지 않고 병행할 수 있다. 그게 가능하다. 직장 생활처럼 몸과 시간이 어딘가에 묶여 있는 게 아니기 때문에 아이들의 일정과 상태에 따라 시간 조율이 가능하다. 라방 쇼호스트 일이 육아맘에게 좋은 점은 바로 이거다.

특히, 한번 몸값을 업그레이드하면 그다음부터는 방송을 선별할 수 있다. 돈 되고 입맛에 맞는 것만 골라 한다는 뜻이 아니다. 섭외가 들어오는 상품 중에는 우리가 사용해봤을 때 썩 만족감이 떨어지는 상품도 분명이 있다. 그런 상품을 돈이 된다고 해서 무조건 하지는 않는다. 장기적으로 봤을 때 품질이 담보되지

않는 상품을 파는 건 쇼호스트 이력에 좋지 않다. 쇼호스트로서 자신이 파는 상품에 책임을 진다는 자세와 태도는 매우 중요하다. 때문에 굳이 방송하고 싶지 않은 제품을 거절할 수 있는 선택권은 몸값보다 사실 더 큰 장점이자 큰 힘이다.

또 하나, 수익을 극대화시키는 방법은 영업을 하는 것이다. 쇼호스트가 무슨 영업까지 하나 의아해할 수도 있겠다. 하지만 우리는 앞서도 말했듯이 가만히 앉아서 일을 기다리고 있지는 않는다. 어디서든 적극적으로 일을 찾아나선다.

라이브 커머스 생태계에서 쇼호스트는, 구조적으로 대행사나 브랜드에 의해 컨택되어야 하는 '을'이다. 쇼호스트를 섭외하는 칼자루를 대행사나 브랜드가 쥐고 있기 때문에 그들이 쇼호스트의 몸값을 깎으려고 할 수도 있고, 갑질을 할 수도 있다. 하지만 우리는 가급적 대행사를 끼지 않고 브랜드를 직접 만난다. '체크인 체크아웃'의 영업력이 최대치로 발휘되어야 할 순간이다. 브랜드와 계약을 성사시킨 후, 촬영팀을 섭외해야 할 때가 오면 우리가 브랜드에 대행사를 소개한다. 즉, 대행사가 쇼호스트를 섭외하는 게 아니라 쇼호스트인 우리가 대행사를 결정하는 권한을 가지고 가는 것이다. 이러면 우리는 대행사에게 을이 아니라 갑의 위치가 된다. 브랜드와의 계약 조건도 우리가 결정할 수 있고, 대행사에게 영업비도 챙겨 받을 수 있다.

모 유아용품 방송을 할 때도 우리가 직접 대행사를 셀렉했다. 당연히 방송 내용도 우리가 주도적으로 우리 스타일에 맞게 이끌어갔다. 촬영만 해주는 대행사냐, 앵무새처럼 진행만 하는 쇼호스트냐를 결정하는 것은 결국 주도성과 방송 기여도에 따라 나뉜다. 주도권을 잡아 적극적으로 임해야 실력도 늘고, 보상도 커진다는 것을 명심했으면 좋겠다.

또 브랜드는 방송에 따라 진행자인 쇼호스트를 계속 바꾸려고 할 수도 있다. 그렇게 되면 쇼호스트는 지속적이고 안정적으로 고정 수입을 확보할 수 없다. 방송 한 개 잡기가 얼마나 어렵나. 그런데 매번 한 건 한 건 섭외가 오기만을 목빠지게 기다리고 있어야 하는 상황은 안정적인 수입을 유치할 때도 치명적이다.

그러나 대행사를 끼지 않고 쇼호스트가 직접 브랜드와 계약을 맺는다면 얘기가 달라진다. 한 브랜드와 방송 한 건이 아니라 여러 회차에 걸친 계약을 조건으로 내세울 수도 있는 거다.

우리는 특히 브랜드와 계약할 때 이 부분의 조건을 확실하게 제시했다. 방송 한 건당 계약하는 게 아니라 가급적 분기 단위로 길게 계약을 맺는 것이다. 1회 방송이 아니라 5회, 10회 방식으로 회차를 늘려 고정으로 진행하되, 출연료는 낮춘다. 쇼호스트도,

브랜드 측에도 이러한 다회차 방송 계약은 장점이 많다.

대구 엑스코에서 열린 〈대구 베이비&키즈 페어〉의 전시행사 진행을 한 적이 있다. 하루 두 개의 방송을 맡았는데, 그중 한 방송이 '몽슈레'였다. 몽슈레는 아기침구(태열베개, 냉감패드)를 만드는 업체인데, 이 브랜드 대표님과 2MC로 방송을 했다. 대표님은 방송이 처음이라며 긴장하셨지만 굉장히 열정적이셨다.

나는 연년생 남매를 기르며 터득한 노하우를 바탕으로 한 시간이 모자랄 만큼 방송을 꽉 채웠다. 몽슈레 대표님은 그날 방송에 대해 매우 만족해하셨고, 동시에 라이브 커머스에 대해서도 크게 관심을 가지셨다.

그때의 인연으로 우리는 몽슈레와 일주일에 한 번씩 고정적으로 15회 다회차 계약을 맺었다. 방송하는 분들은 잘 알겠지만, 캐스팅 한번 되는 것도 쉽지 않은 일인데 한 브랜드를 고정으로 이어간다는 게 그리 흔한 일은 아니다. 브랜드와의 신뢰 관계는 물론이고 상품에 대한 완벽한 이해와 실제 경험으로 디테일한 방송 실력을 검증받아야만 가능한 일이다.

몽슈레 방송은 30회 넘게 했다. '체크인 체크아웃' 최초의 다회차 계약이었다. 같은 제품을 길게 하니까 아무래도 제품에 대한 이해도가 훨씬 더 높아졌고, 제품에 대한 애정도 깊어졌다. 쇼호스트가 아이템에 대한 애정을 가지면 확실히 방송의 질이 달라진다. 특히, 라이브 방송은 쌍방향 소통에 주된 포커스가 맞춰지다 보니, 상품 판매 방송에 고정 시청자가 생긴다.

몽슈레 방송의 주 시청층은 주로 아기 엄마들이므로 비슷한 또래인 우리와 수다떨 듯 티키타카가 가능했다.

"여러분, 우리 다음 시간에 또 만나요~"

이웃집 언니처럼 마지막 멘트를 했는데, 이는 쇼호스트와 구매자 사이에 유대감이 생긴다는 뜻이다.

"언니, 오늘은 뭐 팔아요?"

지난 방송에서 댓글을 남겼던 구매자가 다시 들어와 댓글을 남기고, 이를 알아본 쇼호스트가 "안녕하세요? 00님! 오늘 또 들어오셨네요? 오늘도 아기 재우고 들어오신 건가요?" 인사할 수 있는 관계가 형성되었다. 이것은 단순히 물건을 사고파는 관계 이상이다. 참여와 소통으로 이루어지는 라이브 커머스 방송이 기존 홈쇼핑과 어떻게 다른지 명쾌하게 보여주는 예다. 몽슈레 방송 30회차가 진행되는 동안 우리는 구매자들과 친구처럼 가까워졌다.

우리의 고정 방송으로 몽슈레는 엄청 성장했다. 3회차부터 판매 매출이 평소보다 4배 이상 터졌다. 구매자들과 쇼호스트 간의 끈끈한 유대감이 매출로 이어졌다. 쇼호스트인 우리에게 '몽이 언니, 슈레 언니' 같은 닉네임이 붙으면서 몽슈레 기업 이미지 제고에도 긍정적인 영향을 미쳤다. 하다하다 나중에는 구매자들의 육아 고민 상담까지 상품 방송에서 해주는 지경에 이르렀다. 태열 베개를 파는 도중에 "태열 베개와 안심 베개가 뭐가 달라요?"라는 댓글이 달리면 시청자들끼리 서로서로 자신이 알고 있는 정보를 나누기도 했다. 육아맘들 사이에서 소통의 힘은 그 어떤 관계에서보다 크고 확실하다. 우리의 고정 방송은 성공할 수밖에 없었다.

"매주 화요일 11시는 몽슈레 데이! 우리 몽슈레 데이에 다시 모여요!"

무슨 TV쇼 프로그램처럼 인사하는 쇼호스트. 30회차까지 이어가던 방송이 끝날 때는 판매자와 구매자들이 아쉬워할 정도였다.

다회차 방송은 구매자들과의 끈끈한 소통 말고도 장점이 또 있다. 바로 업체 측과의 친분과 신뢰를 돈독하게 할 수 있다는 점이다. 〈건강기능 식품, 건강을 품다〉라는 방송도 5회차로 진행했다. 이 방송을 통해 브랜드 측 관계자들과 좋은 관계가 만들어졌다. 한 번 방송하고 끝나는 게 아니다 보니 아무래도 직원처럼 친해졌다. 방송이 잘되고, 업체가 성장할수록 직원들이 바빠진다. 그러면 자연스레 한번 같이 일했던 쇼호스트들과는 관계가 멀어지게 마련이다. 쇼호스트가 먼저 나서서 "저희 일 좀 주세요."하고 따라다녀도 업체에서 다른 라방 쇼호스트를 섭외하겠다고 하면 끝이다.

그러나 다회차 계약으로 방송을 여러 번 함께하다 보면 친분이 쌓이고 신뢰가 쌓인다. 어떤 일에서 건 친해지고 믿음이 생기면 그 다음부터는 일이 쉽게 쉽게 진행된다. 거의 대부분의 비즈니스에서 통하는 룰이다. 또 다회차 계약을 몇 건만 따내어 고정 방송이 늘어나면 스케줄이 비는 일이 줄어든다. 일이 없어서 여기저기 조급한 마음으로 뛰어다니지 않아도 된다. 그만큼 상품 아이템 하나하나에 집중할 수 있다는 뜻이고, 그만큼 질 좋은 방송을 할 수 있다는 뜻이기도 하다.

팁Tip을 드리자면

브랜드와 직접 계약을 따낸 후 대행사를 결정하면, 우리가 따낸 계약 건에 대해 대행사에 일정 정도 영업비 명목의 수수료를 받는다. 사실 이 부분은 많은 사람들이 놓치기 쉽다. 특히 대행사를 컨택할 때 대부분 친분 관계가 있는 경우가 많은데, 그러면 그냥 좋은 게 좋은 거라고 영업 수수료는 안 받고 넘기는 일이 더러 발생한다. 그러나 한번 이렇게 하면 관례가 된다. 우리는 가급적 우리가 얻어낸 성과에 대해서는 정확하게 비용을 계산하는 게 맞다고 생각한다. 그래야 우리 스스로에게 동기부여도 되고, 갑을 관계에서도 기여도를 좀 더 명확하게 구분지을 수 있다. 또 그렇게 해야 나중에 또 다른 일을 할 때도, 매사 어떤 일을 처리할 때도 수수료 비용에 대한 감각과 룰이 생긴다.

"에휴, 돈 얘기를 어떻게 꺼내. 그냥 내가 좀 손해보고 말지."

이런 태도는 결과물에 대한 책임도 지지 않겠다는 의미와 같다. 돈 이야기는 공손하되 철저하게 짚고 넘어가자. 대신 만족할 만한 결과물로 보답하자. 그게 이 시장의 룰이다.

라방으로 돈이 몰리는 이유

TV홈쇼핑에서는 주로 세트로 물품을 판매한다. 똑같은 바지도 1+1, 2+2처럼 여러 개를 묶어서 판매한다. 식품이든 의류든 생활용품이든 마찬가지다. 7개 세트, 10개 세트로 사면 당연히 개당 가격은 낮아진다. 하지만 똑같은 걸 여러 개 사서 다 뭐하지? 결국 싸다는 생각에 불필요한 비용을 지출하고 여기저기 인심을 쓰거나 집안 한쪽 구석에 쳐박아두기 십상이다.

그러나 라이브 커머스 방송에서는 단품 구매가 가능하다. 물론 할인 가격으로 살 수도 있다. 결제도 편리하다. TV는 집에서만 보지만 라이브 방송은 모바일이기 때문에 언제 어디서든 시청이 가능하다.

또 판매자 입장에서도 유리한 점이 많다. 모바일 라이브 방송은 TV홈쇼핑에 비해 방송 제작비나 송출 비용이 적게 든다. 대형 TV홈쇼핑처럼 편성을 얻기 어렵거나 조건이 까다롭지도 않다. 쇼호스트를 섭외하지 않고 판매자가 직접 방송을 진행할 수도 있다.

그야말로 누구나 1인 방송을 할 수 있는 환경이다. 문턱이 낮아진 모바일 라이브 방송은 판매자에게 매출을 일으킬 수 있는 중요한 마케팅 방식이다.

라이브 커머스 시장이 나날이 확장되면서 라방을 진행하는 모바일 쇼호스트의 수요는 급격히 늘고 있다. 한 시간에 적게는 10~20만 원부터 많게는 200~300만 원까지 평균 월 1천만 원을 훌쩍 넘게 버는 쇼호스트들이 많이 생겨나고 있고, 그 시장은 앞으로 더 커질 것이다.

물론 처음에는 중소기업 제품을 방송하면서 거의 돈을 받지 않고 진행하는 경우도 있었다. 초보 쇼호스트의 경우 무료로 진행하는 경우도 비일비재하다. 문제는 몸값이다. 누구나 1인 방송을 진행할 수 있고, 누구에게나 좋은 물건을 팔 수 있는 기회가 있지만 누구나 돈을 버는 것은 아니다. 자기 자신을 이미지 메이킹하고 브랜딩시켜야 몸값을 올릴 수 있다. 라방이 돈이 되는 이유, 쇼호스트로 돈을 벌 수 있는 이유. 모두 브랜딩에 해답이 있다.

3부

Smart

–

상위 1% 모바일 쇼호스트가 되는
개인 브랜딩 노하우

개인 브랜딩이 뭘까?

브랜딩의 시작은 나를 아는 것부터

첫인상은 참 중요하다. 눈을 맞추고 미소를 띠면서 인사를 나누는 몇 초 동안 상대는 나에 대해 많은 걸 평가한다. 단순히 잘 생겼다, 못 생겼다의 의미가 아니다. 인사를 하는 방식, 목소리 톤, 표정, 옷매무새 등 그 사람을 둘러싼 모든 것이 첫인상을 결정한다. 첫인상이 전부는 아니지만, 두 번째 만남의 기회를 얻느냐 마느냐를 결정하는 중요한 기점이 된다. 첫인상에서 매우 언짢은 기분을 받은 사람과 굳이 다시 볼 필요는 없을 테니까. 특히 비즈니스 만남에서 첫인상은 일의 성패를 좌우할 때가 많다.

나의 첫인상이 어떤지 알고 있나? 타인의 눈에 비춘 나의 첫인상이 어떤지 생각해보자. 아무 생각 없이 사람을 만나는 사람과 자신의 이미지를 가다듬고 만들어가는 사람과는 분명 차이가 난다. 왜 사람들은 나에게서 '그런' 인상을 받았을까? 나의 첫인상에 대해 나는 만족하는가? 개선할 부분은 없을까? 모바일 쇼호스트는 남에게 얼굴을 보이는 게 일인 직업이다. 당연히 타인의 시선으로 봤을 때 내 모습이 어떤지에 대해 보다 면밀히 알고 있어야 한다.

브랜딩은 결국 '인상'이다. 나의 '인상'도 상품이다. 어떻게 호

감 있고 매력적인 인상을 가질 것인지가 브랜딩의 시작이다. 우리가 어떤 제품을 구매할 때를 생각해보자. 비슷한 콜라라도 코카콜라와 펩시콜라가 다르고, 비슷한 초코파이라도 오리온 초코파이와 롯데 초코파이가 다르다. 같은 하청 공장에서 만든 운동화라도 나이키 상표를 달고 출시된 운동화와 B급 상표를 달고 출시된 운동화의 느낌은 분명 다르다. 브랜드의 가치와 인상에 따라 제품에 대한 평가와 호감도가 달라진다.

'나'라는 사람도 마찬가지다. '이미지 메이킹'이라는 게 '없는 것을 거짓으로 꾸며라'는 뜻이 아니다. 나라는 사람에게 내재해있는 어떤 이미지를 꺼내서 잘 두드러지게 하는 것이다. 나의 개성과 특징을 호감 있고 매력 있게 만드는 것, 그게 바로 개인 브랜딩의 시작이다. 브랜딩은 본질을 파악하는 것에서부터 출발한다. 나 자신이 어떤 사람인지를 객관적으로 파악하고 이해하는 게 우선이다.

나는 누구일까? 무엇을 좋아하고, 어떤 성격을 가졌으며, 나의 가장 큰 장점은 무엇일까? 이런 질문에 대한 답부터 구해보자. 최대한 구체적일수록 좋다. 예를 들어, 느리지만 꼼꼼한 성격이라면 어떤 때 꼼꼼함이 발휘되는지, 느린 성격이어서 좋을 때는 언제인지, 느릿느릿함이 답답함이 아니라 찬찬함과 차분함으로 보이려면 어떻게 하는 게 좋을지를 조목조목 적어보자. 특히, 머릿속으로만 생각하는 것보다 한 줄이라도 노트에 직접 적어봐야 한다. 머릿속의 생각을 꺼내어 글로 적어보면 훨씬 분명하게 정리가 된다. 단점이라고 여겼던 것을 장점으로 극대화시키는 생각의 대전환이 필요하다. 의식적으로 이런 노력을 해야 자존감도 올라가고, 자신감도 생긴다. 내면에 차곡차곡 다져진 자신감은 어떤 순간에도 매력적으로 드러나게 되어 있다.

이미지 만들기는 진정성이 좌우한다

'이미지 만들기'란 말을 '이미지 조작'으로 오해하지 않길 바란다. 개인 브랜딩에서 이미지 만들기는 거짓으로 조작하는 게 아니라 내재해있는 것을 드러내고 부각시키는 것이다. 간혹 어떤 연예인이 겉으로 보이는 이미지는 매우 예의 바르고 친절한데, 뒤에서는 스태프들에게 갑질과 욕설을 하는 등 이중적인 모습을 보인다고 해보자. 대중은 예의 바르고 친절해 보이는 이미지가 거짓임을 알게 되는 순간 배신감을 느낄 것이다. 겉으로 드러나는 이미지가 진실한 모습이 아니었다는 것에 대한 실망이다.

진실이 아닌 것은 오래가지 못한다. '되고 싶은 나'와 '진짜 나'

를 구분지어야 한다. 두 이미지 사이의 괴리가 생기면 누구를 만나든, 어떤 상황에서든 솔직하기 어렵다. 거짓된 이미지에 갇혀 있다 보면 어느 순간 자기 자신을 잃어버린다. 자신을 잃어버린 삶은 아무리 직업적인 성공을 거두더라도 공허할 수밖에 없다.

브랜딩에서 가장 중요한 것은 진정성이다. 자신의 본질을 제대로 파악하고 이해했다면 진실한 내면의 모습을 끄집어낼 수 있다. 그 모습에 집중해보자. 현실에서 어떤 상처를 가지고 있다면 비슷한 상황에 놓인 타인을 더 잘 이해하는 사람이 될 수 있을 것이다. 시끄러울 정도로 수다스럽고 유쾌한 면이 있다면 높은 텐션으로 활기를 주는 쇼호스트가 될 수 있다. 어떤 모습의 '나'든 다 좋다. 다만 그 모습이 진실하면 된다. 거짓이어서는 안 된다. 거짓은 쉽게 들통나기 마련이며, 누구도 설득하기 어렵다.

쇼호스트는 연기자가 아니다. 라이브 방송을 진행할 때 연기를 하려고 하면 안 된다. 어딘가 어색하고 불편하다는 걸 시청자들이 금방 알아챈다. 자연스럽고 편안한 진행이 최고의 상품이라면 그 힘은 진정성에서 나온다. 몸에 배어 있는 태도가 자연스럽게 흘러나와야 보는 사람도, 하는 사람도 편안하다. 겉치레를 화려하게 꾸미는 것보다 내면의 진정성을 가꾸는 게 더 중요한 이유다.

라이브 방송은 실시간으로 구매자들과 소통한다. 예기치 않은 상황에서 수시로 돌발상황이 발생한다. 어떤 경우, 댓글 창에 욕을 하는 사람이 있을 수도 있고, 상품에 대해 말도 안 되는 꼬투리를 잡는 사람이 있을 수도 있다. 특히 쇼호스트의 의상이나 태도 등을 가지고 비하하거나 빈정대는 사람도 간혹 있다. 쇼호스트도 사람인지라, 라이브 방송 중에 악성 댓글을 보면 멘탈이 흔들리고 감정이 격해질 수 있다. 그러나 이럴 때야말로 진정성이 발휘되는 순간이다. 평상시에 자신의 내면을 단단하게 다져온 사람, 겉과 속이 다르지 않고 진실함을 가진 사람은 위태로운 상황도 슬기롭게 넘길 수 있다. 인성도 실력이라는 말은 그래서 나온다.

어떤 악플러가 쇼호스트에게 "가식적이다, 아마 자기는 저 제품을 써보지도 않았을 거다."라는 등의 악플을 달았다. 그러자 쇼호스트가 방송 중에 순간적으로 감정을 자제하지 못하고 "그렇게 못마땅하면 나가시라."며 맞대응했다. 이것은 프로답지 못한 반응일 뿐만 아니라 진정성도 부족한 태도다. 누군가 제품을 써보지 않았을 것이라고 의심한다면 실제 그 제품을 썼을 때의 경험을 더 풍부하게 들려주면 된다. 제품과 제품을 파는 사람을 믿지 못하는 건 당연하지 않나? 믿지 못하겠으니까 믿어보려고 방송도 보는 거다.

"이 제품이 너무 좋아서 믿기지 않으시는 분도 있는 것 같아요. 저는 방송 전에 되도록 충분히 제품을 써보려고 해요. 제가 직접 써보지 않으면 아무래도 자신 있게 권해드리기는 어려우니까요. 제가 이 제품을 실제 사용했을 때도 처음엔 그랬어요. 하지만 일주일 정도 지나니까 조금씩 달라지더라고요. 한 달 정도 써봤더니 그제야 효과가 확 나타났어요. 너무 신기했죠. 아마 여러분도 실제로 써보신다면 매직을 경험하시게 될 거예요."

이렇게 말하면 오히려 신뢰가 생기고 설득이 되지 않을까? 쇼호스트의 진정성은 태도에서 배어 나오게 되어 있다. 그 진정성이 모여 '나'라는 브랜드가 된다.

한 분야의 전문가가 돼라

우리는 어쩌다 보니 호텔 방송 전문 쇼호스트가 되었다. 반얀트리 호텔의 라이브 방송을 성공적으로 이끌면서 라방의 불모지나 다름없던 호텔 분야에 새로운 마케팅 패러다임을 만든 덕분이다. 그러나 사실 이 성공이 결코 우연은 아니다. 호텔 라방을 하기 전부터 우리는 호텔에 관심이 많았다. 개인적으로 호캉스도

많이 다녔다. 그냥 놀러 다니며 건성건성 구경만 한 건 아니었다. 항상 어딜 가든 호텔의 부대시설부터 객실의 컨디션, 호텔 어메니티까지 꼼꼼히 살피고 기록했다. 물론 라이브 방송을 하게 될 거라는 걸 알고 했던 건 아니다. 그냥 좋아하는 것들에 대한 관심이었다. 아이들과 함께 호텔에 가서 놀고 쉬는 걸 좋아하다 보니, 이것저것 관심이 많아졌다. 전문가가 되는 첫걸음은 좋아하는 것에서부터 시작한다.

옷이든 신발이든 요리든 자신이 좋아하는 무언가가 있다면 깊이 빠져보자. 생각만 해도 설레는 무언가가 있다면 잠자는 시간도 아까울 만큼 알아가는 재미가 있을 것이다.

쇼핑몰 '무신사'의 브랜드 스토리는 너무나 유명하다. 신발덕후였던 한 고등학생이 '무지하게 신발 사진 많은 곳'이라는 이름의 커뮤니티를 만들었다. 자신이 좋아하는 게 신발이었고, 좋아하는 신발 사진을 함께 보고 나누는 단순한 동기에서 시작한 것이다. 무신사 브랜드는 이후 점차 쇼핑몰로 진화했고, 10년 만에 매출 1,000억 원, 몸값 2조의 공룡이 되었다. 좋아하는 것을 발견하고 그것에 깊이 빠지다 보면 덕후를 넘어 전문가가 된다. 덕후로 시작하여 브랜드를 키운 사례는 너무나 많다.

우리나라 온라인 쇼핑몰 1세대인 '스타일난다'의 김소희 대표는 오픈마켓에서 자신이 좋아하는 옷을 팔았다. 그녀 나이 22 살이었다. 감각 있게 옷 잘 입는 자신의 장점을 발전시켜 전문가로 성장했다. '스타일난다'는 로레알에 6,000억을 받고 회사를 팔면서 성공 신화를 썼다.

요가복 레깅스로 시작한 안다르의 신애련 대표 스토리도 비슷하다. 요가 강사였던 그녀는 마음에 드는 레깅스를 찾지 못해 '직접 만들어보자'며 원단 시장을 돌았다고 한다. 23세 나이에 창업을 하게 된 계기다.

좋아하는 어떤 것에 진심이라면 누구나 그것에 전문가가 될 수 있다. '아는 만큼 보인다'는 유명한 말이 있다. 이 말을 조금 바꾸고 싶다. '좋아하는 만큼 보인다'라고. 작고 사소한 것이라도 좋다. 자신이 진짜 좋아하는 게 무엇인지부터 생각해보자. 성공하지 못한 사람들의 진짜 이유는 어쩌면 자기 자신이 무엇을 좋아하는지 모르기 때문 아닐까?

호텔덕후로서 매 시즌 여러 호텔에서 휴가를 보내면서 호텔리어만큼 호텔에 대해 빠삭하게 알고 있었기에 반얀트리 라방 기회를 잡을 수 있었다. 거저 주어진 기회는 결코 아니었다. 초짜 쇼호스트였지만 호텔에 대해 잘 알고 있었으므로 자신감이 있었다.

그동안 호텔을 다니며 인스타에 꾸준히 기록을 남긴 것도 한

몫을 했다. 포스팅을 할 때 하나의 방향성을 잡고 시작한 게 주요했다. 호텔 리뷰 포스팅에 #체크아웃와정 #호텔전문쇼호스트 같은 해시태그를 잊지 않았다. 그리고 조금 귀찮더라도 다녀왔던 곳의 리뷰는 항상 꼼꼼히 빠짐없이 기록했다. 기록이 노력을 증명한다는 걸 실감했다. 덕분에 "나를 쇼호스트로 쓰라. 그러면 후회하지 않을 거다."라고 업체를 설득할 수 있었다. 준비가 되어 있었기에 기회를 잡은 것이다.

기회는 준비된 자에게만 온다. 진부하지만 사실이다. 진실은 언제나 진부함 속에 가려져 있다. 나에게는 기회가 오지 않는다고 불평하기보다는 기회가 올 때까지 내가 좋아하는 것들에 집중하며 전문가로 성장하겠다고 마음먹자. 진정한 덕후로 시작하여 전문가로 거듭나는 순간 거짓말처럼 기적이 일어난다. 내 노력을 알아봐 주는 사람이 어느 순간 나타난다. 오랫동안 나를 지켜보고 있었다는 듯이. 기회는 그렇게 찾아오는 것이다.

캐릭터 설정의 힘

한 번을 봐도 기억나게

유명 유튜버나 인플루언서들의 이름과 특징을 하나하나 적어보자. 내용과 콘셉트에 딱 맞는 특별한 닉네임을 가진 사람, 콧수염이 인상적인 사람, 항상 초록색 모자를 쓰는 사람 등등 개성넘치는 캐릭터들이 많다. 평범해 보이는 어떤 사람이 한 번 보고 돌아섰는데도 잊히지 않는 어떤 특징이 있다면 캐릭터의 승리다. 목소리든 말투든, 누구에게나 타인의 관심을 끌 만한 독특한 무언가 있다. 아직 발견하지 못했을 뿐. 눈이 휘둥그레질 만큼 아름다운 외모를 가진 사람이나 입이 떡 벌어지게 몸이 좋은 몸짱은 그 자체로 사람들의 주목을 끈다. 얼굴과 몸매 자체가 캐릭터가 되는 것이다.

눈에 띄는 어떤 것이 없더라도 캐릭터를 설정할 수 있다. 지루한 범생이처럼 보이는 외모가 싫어 폭탄 퍼머를 했는데 그 폭탄 퍼머가 자신의 캐릭터가 되었다는 유튜브도 있다. 누군가는 대머리를 자신의 트레이드 마크로 상품화하기도 한다. '리마커블Remarkable'은 마케팅에서 굉장히 중요한 요소다. 남들과 다른 어떤 특징, 리마커블한 이름과 캐릭터가 곧 브랜드이기 때문이다.

세스 고딘의 《보랏빛 소가 온다》에서는 특별하게 기억될 '리마커블'을 보랏빛 소로 은유한다. 이제껏 보지 못한, 어떤 특별함이 있으면 사람들은 그것을 기억하고 소비하려고 한다. 어느 들판에서나 볼 수 있는 흔한 소를 만드느냐, 세상에 하나뿐인 보랏빛 소를 만드느냐는 한 끗 차이지만 결과는 놀랍게 달라질 것이다. 자기 자신을 알고, 이해하려는 이유와 목적은 바로 이 '남들과 다른 나만의 한 끗 차이'를 찾아내기 위함이다.

브랜드의 가치는 오직 이러한 '특별함'에서 나온다. 우리가 지혜와 와정이라는 개별 쇼호스트를 '체크인 체크아웃'으로 브랜딩한 이유도 그 때문이다. 호텔에 가면 제일 먼저 체크인을 하고 퇴실할 때는 반드시 체크아웃을 한다. 호텔 전문 쇼호스트로서 우리를 특화하기 위해 지은 네이밍이다. 전문성을 강조하고, 쉽게 떠올릴 수 있도록 지었다.

특히 호텔은 분위기와 품격, 고급함이 생명이다. 그러므로 '체크인 체크아웃'의 캐릭터도 그에 걸맞게 가져가야 한다. 헤어나 메이크업, 의상도 톤 앤 매너를 맞춰야 한다. 말투와 목소리 톤도 마찬가지다. 특히 이 모든 것이 거짓으로 꾸며낸 게 아니라 자신에게 내재화되어 있는 걸 꺼내야 한다.

쇼호스트가 되기 전에도 우리는 어디서든 함부로 늘어지는 걸 별로 좋아하지 않았다. 아이들을 키우는 평범한 주부였으나 '아줌마스럽게' 입고 말하고 행동하는 걸 꺼려했다. 특별한 이유가 있었던 건 아니다. 그냥 그게 '나 라는 사람의 개성'이었을 뿐이다. 그리고 이런 개성을 캐릭터로 살리고 브랜딩한 것이다.

캐릭터 설정을 위해서는 그 캐릭터에 맞게 일관성을 갖추는 게 효과적이다. 그래야 브랜드로서 지속성과 인지도에 탄력이 붙는다. 지속성은 곧 신뢰다. 연기자가 아닌 이상 여기서는 이런 모습, 저기서는 저런 모습을 보이는 게 쇼호스트에게는 썩 유리하지 않다. 퍼스널 브랜딩을 위해서는 하나의 캐릭터를 일관성 있게, 지속해서 가져가야 인지도를 높이는 데 효과적이다.

예를 들어 자연주의, 미니멀, 심플함의 콘셉트를 살린 캐릭터를 설정했다면 브랜드 이름부터 의상과 헤어, 소품 등도 모두 통일성 있게 가야 한다. 판매하는 상품이나 영상 콘텐츠의 내용까지도 일관성을 갖추는 게 좋다. 혹시 그러한 캐릭터가 한계로 작용하지 않을까 우려하는 목소리도 있지만, 난 오히려 그 반대라고 생각한다. 잘 설정해놓은 캐릭터는 한계보다는 확장성으로 작용할 가능성이 높다. '체크인 체크아웃'이라는 브랜드가 호텔의 전문성을 부각시키면서 인지도를 높였으나 그것에 머무르지 않고 호텔과 관련된 다양한 분야의 라이브 방송으로 활동 범위를 넓혀가는 힘을 발휘한 것처럼 말이다.

아이 키우는 젊은 엄마들이 안전하고 서비스 좋은 호캉스를

선호하는 트렌드도 '체크인 체크아웃'의 브랜드 확장성에 힘을 얹어주었다. 쇼호스트는 구매자에게 로망을 주고 따라하고 싶게 만드는 동기를 주어야 한다. 그런 점에서 젊고, 세련되고, 고급스런 호텔 전문 쇼호스트의 이미지는 젊은 아기엄마들에게 적절한 환타지를 주는 브랜드로서 자리매김할 수 있었다.

팬덤이 새로운 소비문화를 만든다

지금 기억나는 유튜버나 인플루언서, 혹은 쇼호스트의 이름을 세 개만 떠올려보자. 우리는 왜 그들의 이름을 기억하고 있을까? 콘텐츠가 좋기 때문이기도 하고, 캐릭터가 매력적이기도 할 것이다. 매력적인 캐릭터와 신뢰성 높은 콘텐츠, 그리고 진심 어린 소통! 이 세 가지로 팬심을 얻는다. 팬심은 기꺼이 지갑을 열게 만든다. 골수팬 1천 명만 있으면 어떤 비즈니스든 시작할 수 있다고 했다. 충성도 높은 팔로워 1만 명만 있으면 뭘 하든 망하지 않을 수 있다.

그렇다면 연예인도 아닌 쇼호스트가 어떻게 충성도 높은 팬덤을 만들어갈 수 있을까? 연예인이 라이브 커머스를 진행했을 때의 효과를 따라갈 수 있을까? 물론 연예인이라면 라이브 커머스 분야에서도 장점이 많다. 대중 인지도가 높아 기본 팔로워를 깔고 간다는 건 확실히 유리하니까. 하지만 브랜드 입장에서 쇼호스트는 연예인보다 비용이 저렴하면서도 효과를 극대화할 수 있어 매력적이다. 진입할 수 있는 시장이 분명이 있다는 뜻이다.

누군가 관리해주고 잘 나가는 연예인은 하늘의 별처럼 동경의 대상이지 나와 같은 동질성은 없다. 그러나 구매자 입장에서 쇼호스트는 연예인에 비해 동질성이 크다. '평범한 너도 하는 걸 나라고 못 할까?'싶은 마음이 들게 한다. 강력한 자극과 동기가 생긴다. 여기에 전문성까지 더하면 열 연예인 부럽지 않다.

특히 쇼호스트가 연예인과 경쟁에서 우위를 점하려면 전문성과 친절한 소통이 핵심이다. 자기 분야의 전문성을 가지고 제품 선별 능력과 디테일한 가이드를 해줄 수 있어야 한다. 전문성을 바탕으로 구매자들의 질문과 관심에 성심껏 답변해주다 보면 분명히 어느 순간 충성도 높은 고정 팬들이 폭발적으로 늘어날 것이다. 단순 팔로워가 곧 구매자는 아니다. 숫자에 속으면 안 된다. 팔로워는 '좋아요'까지는 누를 수 있으나 지갑까지 쉽게 열지는 않는다. 팬덤이 형성돼야 마음이 움직이고, 그래야만 실제 구매로까지 이어진다.

라방의 쇼호스트는 기존 TV홈쇼핑 쇼호스트보다 훨씬 더 팬덤이 중요하고, 팬덤은 전문성의 기반 위에서 다져질 때 롱런할 수 있다.

전문성을 갖춘 마케팅 콘텐츠는 구매전환율(조회 수가 구매로 직접 전화되는 비율)도 높은 편이다. 자신이 좋아하고 즐겨 듣는 인플루언서의 추천 상품에 대한 신뢰도 때문이다. 이러한 팬덤 소비는 MZ세대들의 주목할 만한 소비 경향이다. 안목과 취향을 공유하고 팬덤을 하나의 문화로 여기는 이들에게 소비는 단순히 물건을 구매하는 게 아니라 자신을 표현하는 방식이다.

특히 커머스 크리에이터들의 상품 판매는 타깃 마케팅을 하기에도 수월하다. '와디의 신발장'을 좋아하는 팔로워들은 아무래도 신발을 좋아하는 사람들이 많고, '로즈픽스'의 팔로워는 화장품과 메이크업에 관심 있는 2030 여성들이 대부분이다. 따라서 자연스럽게 타깃 마케팅도 가능하다. 스니커즈에 전혀 관심이 없는 불특정 다수에게 아무리 비싼 돈 들여 광고한들 실구매로 이어질 확률이 얼마나 되겠는가? 기존 이커머스 채널의 구매전환율은 1%대에 불과하다. 그러나 최상급 쇼호스트가 정확한 타깃팅을 통해 라이브 커머스를 진행할 경우 구매전환율은 20%에 육박한다는 조사 결과를 본 적이 있다. 마케팅에서 전문성을 가진 쇼호스트가 얼마나 중요한지 알 수 있는 대목이다.

소통 역시 팬덤 문화에서 빼놓을 수 없는 중요한 기반이다. 가장 효과적인 소통 방식은 채팅창을 통한 '고객과의 대화'다. 아프리카TV나 판도라TV 등을 통해 라이브 스트리밍에 익숙한 MZ 세대들은 물건을 구매할 때도 '매장 언니'에게 이것저것 물어보듯 쇼호스트에게 궁금한 점들을 묻고 답을 듣고 싶어 한다. 그 과정에서 서로를 알아가며 '관계'를 맺는다. 이 관계는 다양한 SNS 채널을 통해 더 가까워지고 커뮤니티로 발전하며, 팬덤 문화까지 이끌어낸다.

온라인에서의 관계라고 대충 쉽게 생각하면 안 된다. 오프라인과는 비교할 수 없을 만큼 파급력과 확장성이 크기 때문에 사소한 말 한마디, 몸짓 하나에도 신중해야 한다. 특히 라이브 방송이 끝난 후에라도 개인 SNS를 통해 꾸준히 소통을 이어나가는 게 중요하다. 그래야 사적인 친밀감을 높일 수 있다. 기부와 선행, 긍정적 마인드, 자기 계발 같은 선하고 이로운 영향력을 진솔하게 나눌 수 있다면 더 좋다. 사람들은 기본적으로 좋은 방향과 취지에 공감하며 따르고 싶어 한다. 브이로그나 개인 계정에서 소탈하고 선한 모습을 부각시키며 건강하게 잘 사는 모습을 진솔하게 보여주는 것은 무엇보다 중요하다. 자극적이고 일탈적인 모습은 이슈를 만들 수는 있으나 결코 오래 성공할 수 없다. 쇼호스트에게 노이즈 마케팅은 노이즈일 뿐, 지속적이고 효과적인 마케팅 전략은 아니다. 나를 좋아해 주는 사람들을 모으고 움직이려면 우선 내가 좋은 사람이 되어야 한다. 어쩌면 나의 가장 첫 번째 팬은 자기 자신일지도 모르겠다.

케미를 살려줄 파트너를 찾아라

'체크인 체크아웃'은 항상 더블 MC로 방송을 진행한다. 브랜드나 상품에 따라 모바일 방송의 분위기가 다르긴 하지만, 단독

MC로 진행하는 것보다 장점이 훨씬 많다. 처음부터 혼자 30분 ~1시간을 떠드는 것보다 파트너와 함께 티키타카를 하면 보는 사람도, 진행하는 사람도 훨씬 재밌고 자연스럽다. 특히 자연스러움은 라이브 방송의 큰 특징인데, 매번 낯선 섭외 MC와 진행을 하게 되면 아무래도 자연스러운 케미가 떨어질 우려가 있다.

서로 장점을 극대화하고 단점을 보완해줄 파트너는 대부분 가까이에 있다. 멀리서 찾지 말자. 어떤 모바일 쇼호스트는 자신의 아이와 함께 파트너를 맺고 방송을 하기도 한다. 키즈 쇼호스트가 나오면 아무래도 눈길을 더 끌게 마련이고, 재미와 신뢰성도 높아진다. 아이가 방송을 재밌어한다면 아이에게도 좋은 경험이 된다. 물론 키즈 쇼호스트와 함께 방송할 때는 세심하게 신경 써야 할 것들이 많다. 아이들이 좋아하는 식품이나 장난감 등 유아동 제품을 판매할 때 실제 아이들의 눈높이로 리뷰해주는 정도면 매출에 도움이 될 것이다. 가급적 아이들의 솔직함과 귀여움을 살려주고, 방송의 윤활유 정도로 생각하면 좋겠다.

진짜 부부가 함께 모바일 쇼호스트로 활동하는 경우도 있다. 신혼 가전이나 영유아용품을 팔 때 특히 이들 진짜 부부 쇼호스트의 방송은 재미와 팁을 듬뿍 준다. 남편과 아내 입장에서 각각 제품을 설명하므로 설득력도 높고, 티격태격 현실 부부의 케미를 통해 웃음을 유발하기도 한다.

모바일 라이브 방송은 단순히 물건만 파는 게 아니라 마케팅 관련 콘텐츠로 접근하는 게 좋다. 그러면 물건을 판매하는 이커머스 방송에도 스토리를 입힐 수 있고, 몰입하게 만들 수 있다. 구매자들의 눈을 판매 방송에 붙잡아둘 것! 이게 무엇보다 중요한 포인트다.

호흡이 좋은 환상 콤비는 그 자체로 하나의 브랜드다. 두 사람을 따로 떨어뜨려놓고 생각할 수 없을 만큼 시너지가 크다. 식품을 판매할 때 먹방 케미가 좋은 남매 콤비 쇼호스트를 섭외했다고 해보자. 쇼호스트 한 명이 먹고 말하다 보면 아무래도 씹고 삼키는 동안 오디오가 죽을 수밖에 없다. 그러나 아웅다웅하면서 같이 먹고 떠드는 남매 쇼호스트의 진행이라면 지루할 틈이 없다. 한 사람이 먹을 때 한 사람이 멘트를 이어나가면 오디오가 비는 일도 없을 것이다. 라이브 방송에서 소리와 동작이 멈추는 것처럼 어색하고 지루한 건 없다.

지혜와 와정, 우리 '체크인 체크아웃'의 두 사람도 단독 진행을 할 때보다 함께 했을 때 더 돋보이는 환상 케미를 자랑한다. 친자매는 아니지만 비슷한 또래의 아이들을 키우는 육아맘으로서 공통점도 많고 함께 해온 시간도 길다. 때문에 서로의 성향이

나 화법, 감정 상태까지도 잘 읽을 수 있다. 이런 관계를 맺고 있기 때문에 솔직한 의사 소통이 가능하다.

방송 전에는 서로 협의해야 할 것들이 많다. 제품에 대한 정보부터 헤어나 의상, 동선, 큐시트에 이르기까지 최상의 방송을 위해 조율해야 할 것들 천지다. 이때 관계의 밀도가 낮거나 서로 호흡이 맞지 않으면 자칫 갈등이 생기기 쉽다. 물론 사람인지라 매번 완벽한 케미만을 자랑할 수는 없지만, 실수나 불만이 있더라도 문제를 해결하는 방법을 서로가 잘 알고 있어야 한다. 그래야 같은 실수와 갈등을 반복하거나 불만을 혼자 마음속에 쌓아두는 일이 없다.

같은 일을 함께한다는 건 분명 어려운 일이다. 그러나 좋은 파트너를 찾아 효과적으로 협업할 수만 있다면 혼자 하는 것보다 훨씬 더 큰 성과를 올릴 수 있다.

성공한 사람들 옆에는 대부분 좋은 파트너가 있다. 누구를 만나서 무엇을 하느냐에 따라 인생은 180도 달라진다. 지금 당장 눈을 크게 뜨고 주위를 살펴보자. 나와 협업했을 때 시너지를 낼 수 있는, 나의 완벽한 파트너가 내 가까이 있을지도 모른다.

나에게 맞는 주력 카테고리를 찾자

모든 일은 항상 첫 단추를 잘 꿰어야 한다. 첫 단추는 마지막 단추에까지 영향을 미치게 마련. 먹방을 잘해서 식음료 카테고리로 방송을 시작하면 주로 그 카테고리 내에서 출연 제안이 이어진다. 뷰티 제품이든, 다이어트 제품이든 처음 시작한 이미지가 끝까지 따라가는 경우가 많다. 그러니 처음부터 자신에게 잘 맞고, 자신이 가장 잘할 수 있는 주력 카테고리에 대해 고민하여 방향을 잡는 게 무엇보다 중요하다. 주력 카테고리를 만들고 집중해야 전문성도 생긴다. 옷 살 때는 누구누구 방송 봐야지, 인테리어 소품하면 그 사람이지 하는 식의 등식을 만드는 게 목표가 되어야 한다. 성공적인 개인 브랜딩의 핵심은 이 등식을 만들어내는 것이다.

처음 프리랜서로 쇼호스트를 하겠다고 나서면 무작정 방송을 따내는 것에만 몰두하는 사람들이 많다. 준비 단계, 시작 단계에서부터 자신의 주력 카테고리를 특화시키지 않으면 낮은 단가로 품팔이만 하다가 끝날 수도 있다. 이도 저도 아닌 일회성 진행자로 소모되고 마는 것이다. 시작 단계에서야 경력을 쌓기 위해 페이를 받지 않고라도 무조건 방송을 해보고 싶겠지만, 이때에도 자신의 카테고리는 가지고 가야 한다. 내가 좋아하는 것, 내가 잘 아는 것, 내가 잘하는 것. 그것을 찾아내어 집중해야 한다. 앞 챕터에서부터 '나는 누구인가'라는 질문을 강조한 이유도 그 때문이다. 아무 제품이나 닥치는 대로 다 팔겠다는 건 과욕이다. 처음부터 내가 가장 잘 팔 수 있는 제품을 공략해야 승산이 있다.

육아맘인 지혜와 와정, 우리 두 사람이 가장 잘 아는 카테고리는 무엇이었을까? 당연히 영유아용품이다. 아이가 생기면 새로 사야 할 물건들이 너무나 많다. 첫 아이를 낳으면 특히 정보에 목마르다. 아기의 안전과 직결되니 아무거나 살 수도 없고, 가격대도 생각보다 고가인 경우가 흔하다. 모바일 쇼호스트는 쇼핑 가이드다. 구매자가 필요로 하는 좋은 제품을 저렴한 가격에 살 수 있도록 안내해줘야 한다. 그렇다고 아기를 키운 지 너무 오래된 시어머니급의 가이드는 원치 않는다. 구닥다리처럼 여겨질 수도 있다. 젊고 트렌디한 엄마들이기 때문에 당연히 아기용품을 고를 때도 감각적으로 고르고 싶어 한다. 그럴 때 바로 우리 같은 전문 쇼호스트들이 필요하다. 최근에 아기를 낳고 키운 경험이 있는 센스쟁이 옆집 언니 같은 쇼호스트!

우리는 마치 큐레이터처럼 까다롭게 아기용품들을 선별한다. 공동구매 하나를 진행하더라도 육아맘의 입장에서 제품을 철저히 분석하고 안전성, 사용감, 컬러, 가격대까지 요모조모 살핀다.

육아용품 카테고리에서만큼은 우리가 최고라는 자부심이 있다.

호텔&리조트 분야도 어쩌면 육아맘이라는 특수성으로 만들어낸 전문 카테고리가 아닐까 싶다. 우리는 연인끼리 즐기는 호캉스와 어린 아이들을 데리고 가는 가족 단위의 호캉스까지 경우에 따라 다양한 상품 해석과 소개가 가능하다. 수영장부터 뷔페 등 부대시설에 대한 특징까지, 구매자들이 무엇을 궁금해하는지 충분히 알고 있기 때문에 만족도 높은 방송을 해낼 수 있다.

이렇게 주력 카테고리가 생기고 그 카테고리 내에서 성공 이력들이 쌓이면 업계에서 먼저 찾아온다. 육아용품 몽슈레 방송의 성공을 통해 '몽이 언니 슈레 언니'라는 닉네임이 생길 만큼 육아용품 카테고리 내에서 인정받았다.

반얀트리 완판 신화 이후 부산 P호텔까지 성공하자 '체크인 체크아웃'은 곧 호텔 전문 쇼호스트라는 등식이 생겼다. 호텔 예약 플랫폼을 통해 여의도 페어몬드, 제주 히든 클리프 등 우리를 찾는 호텔들이 계속 이어졌다. 그러자 자연스럽게 브랜딩이 되었고, 호텔 상품에 관한 한 우리가 최고의 쇼호스트라는 자부심도 덤으로 얻었다. 결국 주력 카테고리 내에서의 성공으로 브랜딩에 힘이 생긴 것이다. 그 힘으로 명품 카테고리까지 확장할 수 있다.

4부

Skill

–

라방 기본기

진행 포인트 체크업

쇼호스트는 랜선 구매자들의 아바타

　모바일 쇼호스트는 랜선 구매자들의 아바타가 되어야 한다. 시청자들이 직접 매장에서 입어보고 먹어보고 만져보고 싶어 하는 마음을 적극적으로 대신해줘야 한다. 과거 TV홈쇼핑의 쇼호스트도 이런 역할을 했지만, 아무래도 TV에서는 여러 제약이 있다 보니 '아바타'처럼 시연하기는 어려웠다. 그러나 실시간 스트리밍을 통해 쌍방향 소통이 가능한 모바일 라이브 방송에서는 구매자들의 질문과 요청이 훨씬 다양하고 많다. 즉석에서 구매자들의 호기심과 궁금증을 제대로 해결해줘야만 더 많은 판매가 일어난다.

　예를 들어 바지 하나를 구매한다고 치자. 쇼호스트가 직접 옷을 입고 바지 사이즈에 대한 구체적인 정보를 알려줘야 한다. 밑위 길이, 힙과 엉덩이 라인의 매무새, 바짓단이나 단추 상태 등 구매자들의 질문은 매우 상세하다. 예상치 못한 질문이 나올 수도 있다. 그래도 당황하지 말고 성심성의껏 답변을 해줘야 한다. 쇼호스트가 구매자들에게 어떤 피드백을 주느냐에 따라 반품률까지도 달라진다. 인터넷에서 상세페이지만 보고 사다 보면 막상 물건을 받았을 때 실망하는 경우가 많다. 그래서 반품률이 높다. 모바일 라방에서는 이런 점을 보완해줘야 한다. 그러려면 쇼호스트가 아바타가 되겠다는 마인드가 필요하다. 그런 마인드가 있느냐 없느냐에 따라 쇼호스트의 태도와 액션이 완전히 달라지고, 판매 실적도 당연히 달라진다. 비대면 쇼핑이 오프라인에서의 대면 쇼핑 같은 효과와 만족을 주기 위해서는 쇼호스트의 '아바타 정신'이 가장 중요하다.

경력이 많은 쇼호스트들도 시연하는 게 말하는 것보다 더 어렵다고들 한다. 자연스럽고 순발력 있는 시연을 하기 위해서는 연습이 필요하다. 제품에 대한 이해와 사용 기술도 익혀야 한다. '핸들링 스킬'이라는 것은 갑자기 생기는 게 아니다. 제품이 손에 익으려면 많이 다뤄봐야만 한다. 물론 일정이 바빠 방송 며칠 전에 제품을 받을 때도 있다. 평상시에 꾸준히 연습하고 준비하다 보면 요령이 생긴다. 처음부터 다 잘할 수는 없지만 지치지 않고 어떤 물건이든 방송하듯이 다루다 보면 나중에는 갑자기 어떤 제품을 받아도 척척 시연할 수 있다. 카메라를 정확히 보면서 다양하고 핵심적인 포인트를 살려 시연을 해내려면 충분한 연습밖에 없다.

가정용 공구세트를 판매하면서 직접 제품을 충분히 다뤄보지 않은 상태에서 방송에 들어간 쇼호스트를 본 적이 있다. 방송의 콘셉트가 '여자 혼자라도 걱정 없다. 쉽게 다룰 수 있는 가정용 공구세트'였다. 요즘은 여자 혼자 사는 경우도 많고, 가구를 온라인으로 주문해서 직접 조립을 해야 하는 경우도 흔하다. 또 살림도구 등을 DIY로 직접 제작해서 '나만의 것'을 만들고 싶어 하는 경우도 많다. 이럴 때 가정용 공구세트가 요긴한데, 관심 있는 구매자들에게 쇼호스트는 무엇을 보여줘야 하겠는가?

가정용이니 당연히 비전문가들이 구매 타깃이다. '쉽고 안전하다'는 게 소구(광고를 통해 구매욕을 자극시키기 위해 상품이나 서비스의 특성이나 우월성을 호소하여 공감을 구하는 것) 포인트다. 나사 하나 푸는 것, 못 하나 박는 것도 익숙하지 않은 사람에게 시연을 통해 쉬운 사용법을 알려줘야 한다. 그런데 쇼호스트가 제대로 공구 사용을 못 해서 간단한 작업을 수행하는 데도 버벅댄다면? 보는 사람이 불안하다면?

쇼호스트의 시연이 어설프고 어색해 보이면 댓글창에 바로 난리가 난다. '정말 쉬운 거 맞냐, 손 다칠 것 같아서 불안하다, 전문가용 공구세트냐?' 비난과 빈정거리는 댓글들이 실시간으로 주르룩 올라온다면 과연 어떤 사람이 구매 버튼을 쉽게 누를 수 있을까?

또 어떤 쇼호스트는 헤어드라이어와 고데기를 판매하면서 자신의 머리카락으로 직접 시연하는 것을 꺼려했다. 모델을 앞에

놓고 대리 시연하는 것과 자신의 머리를 손수 스타일링하는 과정을 보여주는 건 느낌이 다르다. 대부분의 구매자들은 자신의 헤어를 자기가 직접 만지는 경우가 많을 테니 눈높이를 맞춰주는 게 좋다. 그래야 방송 몰입도가 높아진다.

"뒷머리의 절반을 나누어서 이렇게 먼저 큰 핀으로 고정해두세요. 그리고 아랫머리 부분부터 이런 식으로 돌리는 거예요. 뒷거울이 있으면 좋겠지만 없어도 상관없어요. 위에서부터 이런 식으로 말아서 돌리면 똥손이라도 전문가의 손길이 닿은 것처럼 됩니다. 마지막에는 찬바람으로 컬을 고정해주는 것 잊지 마시고요. 제가 지금 젖은 머리 상태에서 단 10분 만에 건조와 스타일링까지 끝냈잖아요? 시간 확인하셨죠? 단 10분! 바쁜 아침 출근 시간이라도 10분이면 끝납니다. 잘 엉키는 모발이나 어깨 이상 긴 머리는 몇 분 더 걸릴 수 있어요. 그래도 이 정도면 어때요? 괜찮죠? 드라이어의 바람 세기가 놀랍습니다."

쇼호스트가 직접 타이머를 맞춰놓고 젖은 머리 상태의 비포Before부터 스타일링 후의 애프터After까지 실시간으로 보여주는 것은 모델을 앞에 앉혀놓고 전문가 게스트가 시연하는 것과는 확실히 다르다. 훨씬 생생하게 전달할 수 있다. 특히 바쁜 아침 시간에 빠른 속도와 멋진 스타일링이 가능하다는 소구 포인트를 정확히 전달할 수 있다. 물론 이때, 머리를 만지는 쇼호스트의 핸들링 스킬이 중요하다. 쇼호스트는 드라이어 하나 팔기 위해 수도 없이 많이 머리를 말리고 스타일링을 연습했을 것이다. 쇼호스트의 손길에서 나오는 시연 하나가 구매 충동을 자극하는 최선의 홍보이기 때문이다.

어떤 이미용 카테고리의 쇼호스트는 피부관리사 자격증까지 땄다고 한다. 모든 쇼호스트가 매번 다 자격증 따가며 판매 준비를 할 수는 없을 것이다. 다만, 중요한 것은 진심이다. 구매자들을 대신해서 제품에 대한 정보를 더 정확히 알려주고, 사용감과 후기를 생생하게 전달하겠다는 진심. 그 진심이 쇼호스트로서의 태도를 바꾸고 없는 열정도 끌어모은다.

쇼호스트가 랜선 아바타가 되어야 한다고 해서 '을'이 되어 구매자의 갑질도 감당해 내라는 뜻이 아니다. 랜선이기 때문에 오프라인처럼 직접 사용해볼 수 없는 아쉬움을, 쇼호스트가 진심으로 아바타가 되어 대신 전하겠다는 마인드를 장착해야 한다는 뜻이다. 연예인 같은 능수능란한 끼와 재능은 그다음 문제다.

멘트도 브랜드다

"여기요! 언니~"

오프라인 매장에 갔을 때, 제품을 둘러보다 궁금한 게 생기면 '언니'를 부를 때가 많다. 사장님이라고 부르기도 하지만 '언니'라는 호칭이 편한 게 사실이다. 가끔 남자 손님도 '언니'를 찾을 때가 있다. 당연히 여기서 '언니'는 진짜 나이가 많은 언니 형제가 아니라 보통명사다(언니 비하나 여자 폄하로 오해하진 말자). 쇼호스트는 친하고 편한 매장 직원 '언니'의 역할을 한다. 친절하고 친근한 '일잘러 언니'다.

옷 사러 가서 매장 언니랑 친하면 가게에서 한참씩 수다를 떨게 된다. 매장 언니는 손님 이름도 불러주고 숨겨놨던 희귀 아이템을 보다 저렴한 가격에 슬쩍 보여주기도 한다. 식당이나 시장에 반찬 사러 갈 때도 가게 주인과 친하면 서로 안부도 묻고 덤도 듬뿍 준다. 이런 맛에 단골을 트는 거다. 이처럼 라방 쇼호스트는 단골 오프매장에서처럼 구매자들과 멘트로 친근한 소통을 해야 한다. 그래야 단골손님이 는다.

자신의 라방을 자주 찾아주는 단골손님들의 닉네임도 다정하게 불러주자. 형식적이고 사무적인 어투가 아닌 친구처럼, 옆집

언니처럼. 목소리와 말투에 애정을 담아서.

"딸기마마님, 어서 오세요! 반갑습니다."
"유진맘님, 오늘은 좀 늦으셨네요. 바쁘셨나 봐요?"

제품 홍보에 방해가 되지 않는 선에서 쇼호스트가 시청자들의 이름을 불러주고, 근황을 한 번씩 물어줘도 구매자들과의 친밀도가 높아진다. 가까운 친구와 수다 떨 듯이 날씨나 가벼운 담소로 멘트를 시작해도 좋다.

"어젯밤에 천둥치는 소리 들으셨어요? 저희 집은 경기남부인데요. 장맛비가 정말 요란했습니다. 혹시 저처럼 천둥소리에 밤잠 설치신 분들 계신가요?"

이렇게 시작 멘트가 나가면 댓글이 하나둘 올라온다. '저도 못 잤네요. / 수원인데 여기도 장난 아니었어요. / 어쩐지 오늘 님 눈이 퀭해요!' 등등 날씨를 화제로 소통할 거리가 생긴다. 쌍방향 소통 멘트는 라방의 키포인트다.
영유아용품을 판매하면서 이벤트 선물로 물티슈를 주는 방송을 한 적이 있다. 이때 채팅창에 어느 아기 엄마가 'OO 물티슈. 지금 사용 중! 톡톡하니 좋네요.'라는 댓글을 달았다. 순간 그 댓글을 단 아기 엄마의 닉네임을 부르며 얼른 멘트를 받아쳤다.

"베베맘님이 지금 OO 물티슈 쓰고 계신다네요. 응아처리는 다 끝나셨나요? (웃음) 수고하셨어요. 진짜 다른 물티슈에 비해 부드럽고 도톰하죠?"

실시간 사용자의 리뷰를 전달하는 것보다 더 생생한 멘트가 어딨겠는가? 또 집에서 누군가 나처럼 아기를 돌보고 있는 사람이 있다는 생각에 반가움도 나눈다. 육아동지로서 연대의식도 생긴다. 물티슈 한 장으로 너와 내가 하나되는 느낌까지 든다. 어찌 친근함이 안 생기겠는가.

딱딱하게 정해진 홍보 멘트만 해서는 안 된다. 달달 외워서 제품 홍보만 하면 구매자들의 마음을 움직일 수 없다. 지구상에 싸고 좋은 제품은 널렸다. 그 많은 제품 가운데 굳이 내가 파는 제품을 구매하게 만드는 방법. 그것은 마음을 움직였을 때라야 가능하다. 마음을 열어야 지갑을 열 수 있다.

필요한 물건을 사는데 왜 재미까지 있어야 하냐고 물을 수도 있다. 하지만 요즘은 '필요한 물건'을 사는 게 아니라 '사고 싶은 물건'을 산다. 딱히 필요가 없더라도 말이다. '무쓸모', '예쁜 쓰레기'라는 말도 있잖은가. 굳이 없어도 되는, 쓸모없는 물건을 선물로 주고받는다. 사는 즉시 쓰레기가 될지도 모르지만, 당장 예쁘고 재밌다면 구매를 주저하지 않는다. '요즘 소비의 패턴'이다. 그러니 '재밌고 친근하게'는 모바일 쇼호스트가 가슴에 깊이 새기고 고민해야 할 이 시대 쇼핑의 화두다.

모바일 라이브 커머스의 주 이용자는 아무래도 젊은 층이다. 쇼호스트는 '요즘 언어'에도 민감해야 한다. 공중파에서는 규제가 많아 사용 언어도 극도로 조심해야 하지만 라이브 커머스에서는 좀 자유롭다. 그렇다고 비속어를 함부로 쓰라는 뜻이 아니다. '탕진잼', '휘소가치', '비담', '와우내', '꾸안꾸', '꾸꾸꾸', '오놀아놈' 등 재미를 줄 수 있는 신조어 등을 멘트로 사용하면서 젊고 트렌디하게 라방 분위기를 이끄는 것도 좋겠다. 물론 너무 남발하면 거부감이 생길 수도 있으니 양념으로 적절히 사용해보자.

시쳇말로 '말빨'을 타고난 사람이 있다. 그러나 평상시 말빨이 부족하다고 쇼호스트를 못할까? 아니다. 두려워하지 말자. 말주변이 좋고 화려하면 물론 첫인상에서부터 확 잡아끄는 주목도가 좋을 수 있다. 그러나 꼭 천부적인 말 재능이 없더라도 '나만의 멘트'를 만들어낼 수 있다. 오프닝 멘트로, 자기소개 멘트로 고정적인 단어 하나, 구절 하나를 사용해서 임팩트를 만들어낼 수 있다.

예를 들어, 조금 딱딱하고 똑똑 부러지는 화법과 목소리 톤을 가진 쇼호스트가 이런 특징을 살려 '홍기자'라는 닉네임으로 쇼호스트 활동을 한다고 해보자. "오늘의 쇼핑뉴스, 돈 벌어주는 쇼호스트 홍기자입니다."라는 멘트로 항상 시작하면서 구매자들에게 존재감을 각인시킨다. 처음에는 너무 딱딱한 것만 같던 말투와 목소리도 '돈 벌어주는 쇼핑뉴스 홍기자'라는 멘트 안에서 개성을 발휘할 수 있다. 진짜 기자처럼 조목조목 따져가며 신뢰성을 키워갈 수도 있다. 이미지 설정과 멘트의 개성이 통일성과 진정성을 가질 때 사람들은 라방을 진행한 그 쇼호스트를 기억해줄 것이다. 이때 '돈 벌어주는 쇼핑뉴스를 진행하는 홍기자'라는 멘트는 하나의 브랜드 가치를 가지게 된다.

핸들링(보여주기), 동선, 의상과 메이크업까지 일당백

라이브 커머스는 대개 스마트폰으로 찍는다. 장소 제약을 받지 않는다. 어깨에 걸고 찍던 ENG 카메라도 필요 없다. 스튜디오

촬영이 아니라도 스마트폰 하나면 거의 커버된다. 비교적 간단히 찍을 수 있지만 그럴수록 방송 전에 리허설과 사전 준비를 철저히 해야만 한다.

판매자가 직접 라방을 할 때는 연출, 제품 선정, 카메라 촬영, 방송 진행까지 혼자 다 책임져야 한다. 그야말로 1인 방송이다. 스마트폰 하나로 충분하지만 챙겨야 할 게 많기 때문에 방송 실수도 잦다. 마이크가 제대로 작동이 안 돼서 오디오가 안 들리거나 화면이 거울 모드로 나오거나 흔들리는 등의 실수도 흔하다. 여러 가지 동영상 촬영 스킬을 연습해두지 않으면 라이브 방송에서 낭패를 보기 십상이다.

스마트폰을 흔들리지 않게 거치대에 잘 고정해야 한다든지, 스마트폰의 각도나 위치를 어디에 어떻게 고정시켜야 인물과 제품이 잘 나온다든지 하는 등의 데이터값을 가지고 있어야 한다. 초보자의 경우 화면이 흔들리거나 제품이 잘 잡히지 않는 등의 실수가 발생해 방송을 망치는 경우도 발생한다. 이런 문제가 생기면 진행자도 시청자도 방송에 집중하기 어렵다. 마이크와 조명 등 장비를 다루는 최소한의 노하우는 유튜브에서 조금만 찾아보면 다 나온다. 미리 공부하면 금방 익힐 수 있다. 생각보다 어렵지는 않다. 반복해서 연습하고 준비하는 것만이 실수를 줄일 수 있는 최선이다.

우리처럼 프리랜서 쇼호스트의 경우는 주로 대행사를 가운데 낀다. 대행사가 브랜드와 계약을 조율하고, 화면에 보이는 배경설정, 제품 셋업, 카메라 촬영까지 대행해주고 쇼호스트는 방송 진행만 맡는 경우가 많다. 이런 경우에는 대행사가 전문적으로 방송 촬영을 맡아주니까 쇼호스트가 특별히 신경 쓰지 않아도 된다. 방송의 질도 훨씬 좋다.

방송 진행 단가가 올라갈수록 장비 퀄리티도 높아져 전문가용 캠으로 촬영하기도 한다. 그러나 이때도 카메라가 쇼호스트를 팔로업하는 동선 등을 미리 촬영자와 충분히 논의하고 공유한다. 카메라와 진행자 사이의 거리와 각도, 시선의 방향, 배경의 노출범위 등도 쇼호스트가 일일이 챙기는 게 좋다. 호텔룸의 오션뷰를 강조해야 하는 상황에서 쇼호스트의 얼굴만 화면에 크게 잡히면 마케팅 포인트를 빗나간 실수가 된다.

대행사 없이 직접 방송을 한다고 겁낼 필요는 없다. 라이브커머스의 장점은 뭐니 뭐니 해도 쉽다는 것! 처음부터 고가의 장비 구매를 고려할 필요도 없다. 시작을 안 해서 못 파는 거지, 촬영을 못 해서 물건 못 파는 건 아니니까. 해야겠다고 마음먹은 순간 무조건 일단 시작하는 게 중요하다. 퀄리티는 나중 일이다. 모

른다고 겁내지 말자. 뭐든지 하면서 배우는 거다. 시행착오가 있어야 구체적으로 체득이 된다.

우리는 대행사와 협업을 하더라도 사전 미팅에서 제품 구성이나 이벤트 내용, 큐시트나 동선까지 꼼꼼하게 직접 챙기는 편이다. 특히 거의 모든 방송을 2인 체제로 하기 때문에 쇼호스트 두 명의 동선이 꼬이면 진행이 산만할 수 있다. 특히, 라이브 커머스의 경우는 구매자들도 대부분 스마트폰으로 시청하기 때문에 작은 세로 화면에서 동선이 복잡하면 자칫 방송이 어수선하게 느껴진다. 음식을 직접 먹어보거나 옷을 입고 사이즈나 매무새를 보여줘야 하는 경우도 쇼호스트의 움직임이 크고 잔동작이 많기 때문에 동선을 꼼꼼히 챙기지 않으면 화면상 어수선해 보인다.
이런 경우, 두 진행자가 같은 동작을 동시에 하지 않는 게 좋다. 한 사람이 먹으면 한 사람은 지켜보고, 한 사람이 제품을 보여주고 있으면 한 사람은 동작을 최소화하면서 말로 거드는 정도만 한다. 둘 다 같은 동작을 시연하면 화면이 꽉 차고 집중력도 흐트러진다. 사전에 역할을 나누어 조율하지 않으면 멘트와 동작이 부딪힐 우려가 있다. 진행자 두 사람의 오디오가 자주 물리거나, 반대로 오디오가 비는 실수를 줄이려면 욕심을 내려놓고 계속 호흡을 맞춰보는 수밖에 없다.

혼자 진행하는 경우에도 불필요한 손동작이나 습관적으로 반복하는 '에.. 저.. 그니까...' 등의 의미 없는 말은 삼가야 한다. 제품을 보여주는 핸들링 동작을 할 때도 고갯짓을 한다거나 몸을 미세하게 흔든다거나 하는 불필요한 동작을 하면 시선 집중을 방해한다. 쇼맨십을 보여주더라도 집중해서 보여줄 것 외에는 동작이든 말투든 목소리 톤이든 간결하게 절제하는 게 효과적이다.

스튜디오 방송이 아닌 야외 방송의 경우는 동선 체크가 더욱 중요하다. 호텔 라방의 경우 룸과 부대시설 등을 직접 보여줘야 하기 때문에 생방송 내내 호텔 여기저기를 돌아다녀야 한다. 이동할 때도 쇼호스트의 시선은 카메라를 계속 응시해야 한다. 카메라가 진행자 두 명을 팔로업할 때도 자연스럽게 멘트가 이어져야 한다. 오디오가 비거나 물리지 않도록 하는 게 중요하다. 라이브 중에 순간적으로 정적이 흐르면 시청자들은 금세 어색함과 지루함을 느낀다.

이동 시에는 가급적 호흡에도 신경 써야 한다. 이동하면서 쇼호스트가 호흡이 깨져서 숨소리가 커지면 멘트 전달력도 떨어지고 보기도 불편하다. 라이브 방송할 때 기본적으로 텐션이 높은 쇼호스트라면 특히 이동 중에 목소리 톤이나 호흡을 더 가다듬어야 한다.

높은 텐션으로 에너지 넘치는 방송을 하면 아무래도 보는 사람 입장에서는 재밌게 빨려들 수 있다. 그러나 텐션을 높이더라도 강약은 있어야 한다. 처음부터 끝까지 시종일관 하이톤으로 강한 텐션을 유지하면 피로감이 생길 수 있다. 한 시간 방송을 시나리오라고 생각하고 기-승-전-결을 짜보는 것이 좋겠다. 포인트를 주어 강조해야 할 이벤트 내용과 높은 텐션으로 웃음과 재미를 유도해야 할 곳은 구분되어야 한다. 이런 점을 미리 생각해두어야 라이브 방송의 흐름이 원활하고 짜임새 있다. 녹화 버튼의 불이 들어오는 순간 되돌릴 수 있는 건 하나도 없으니까.

쇼호스트의 의상이나 메이크업도 방송하는 그날의 제품과 매칭이 되게 콘셉트를 잡아가는 게 좋다. 뷰티 제품을 파는 쇼호스트와 떡볶이 신제품을 파는 쇼호스트의 의상이나 메이크업이 같을 수는 없다. 아무리 라이브 커머스가 자유롭다고 해도 아무거나 생각 없이 입고 바르고 방송을 해도 상관없다는 뜻은 아니다. 예를 들면, 고급스런 주얼리 방송을 할 때는 화려하고 고급스러운 콘셉트로, 영유아 기저귀를 팔 때는 부드럽고 따뜻한 콘셉트로, 호텔 라방에서는 세련된 호텔리어의 전문성을 담을 수 있는 콘셉트로 의상과 메이크업과 헤어를 표현하는 게 좋다.

모든 건 전략이다. 영리한 전략이 하나의 톤 앤 매너를 유지할 때, 짧은 라방 한 편이라도 전체 스토리가 성공적으로 완성된다.

큐시트가 방송의 질을 말해준다

큐시트는 방송 진행의 뼈대다. 1시간짜리 라이브 방송이 분, 초 단위로 어떻게 진행되는지를 설계해놓은 문서다. 브랜드사에서 라이브 커머스를 직접 진행하든 대행사에서 진행하든 보통 큐시트 작성은 PD나 작가들이 맡는다. 쇼호스트의 일이 아니라고 생각한다. 하지만 쇼호스트가 큐시트를 직접 써보면 방송을 훨씬 더 잘 이해하게 된다.

또 TV나 라디오에 비해 모바일 라이브 방송은 훨씬 자유로운 포맷이기 때문에 굳이 큐시트를 꼼꼼히 쓸 필요가 있을까 반문하는 사람들도 있다. 하지만 아무리 자유롭게 진행하는 모바일 라이브 커머스라고 하더라도 큐시트를 미리 세세하게 써놓는 습관은 중요하다. 설령 실제 방송이 큐시트 그대로 진행되지 않는다 하더라도 방송 전체의 진행 흐름을 쇼호스트가 자신의 머릿속에 확실히 밑그림을 그리고 있는 것과 그렇지 않은 것은 차이가 난다. 그때그때 순발력 있게 진행을 하더라도 샛길로 빠지지 않는다. 어떤 상황에서도 다시 중심을 잡고 효과적인 판매를 할 수 있다. 방송 진행 요령을 빠르게 습득하는 비결이기도 하다.

큐시트를 쓸 때는 시간까지 정확히 기재해야 한다. '오프닝 1분 30초, 제품 가격 2분'처럼 구체적으로 시간을 초 단위까지 적고 멘트의 내용까지도 구체적으로 적는 게 좋다. 이렇게 직접 큐시트를 쓰다 보면 시간 개념에 대한 감도 좋아진다. 정신없이 너무 많은 것을 보여주려고 욕심내다가 자칫 꼭 전달해야 할 핵심 메시지를 미처 다 말하지 못하는 경우가 종종 있다. 시간 계산을 잘못한 것이다. 큐시트를 직접 쓰는 연습을 꾸준히 하면 이런 실수를 줄일 수 있다.

셀링 포인트 체크업

소구점을 잡아라

소구訴求라는 말을 흔히 쓰지만 한자어라 잘 와닿지 않는 사람이 많을 것이다. 소구력의 사전적 의미는 '광고가 시청자나 상품 수요자의 사고나 태도에 영향을 미치는 힘'이란 뜻이다. 구매자 스스로 지갑을 열게 만드는 결정적인 힘! 그게 바로 소구력이고 그 포인트가 바로 소구점이다.

라방 진행을 할 때는 소구 포인트를 3~5개 정도로 정리해 산만하지 않게 전달하는 게 중요하다. 라이브 방송에서는 돌발 변수가 많다 보니 꼭 전달해야 할 포인트를 놓치는 경우가 종종 있다. 정신없이 웃고 떠들면서 재밌게 방송을 보긴 했는데 정작 제품 구매로 이어지지 않는다면 그 라이브 커머스는 성공했다고 보기 어렵다. 개인 유튜브 방송이나 예능 방송이 아닌 이상 목표는 물건을 파는 거다. 단순한 재미를 주는 게 아니라!

소구점을 찾기 위해서는 우선 제품을 구매하는 타깃층을 명확히 알아야 한다. 또 제품의 가격에 대한 분석도 중요하다. 같은 물건을 다른 곳에서는 얼마에 파는지도 체크해야 한다. 다른 온라인 채널이나 오프라인 매장의 가격과 비교했을 때 비싸다면 비싼 이유가 있어야 하고, 싸다면 왜 싼지도 쇼호스트 스스로 정리해야 한다. 그래야 가격이 비싸다는 불만 댓글에도 슬기롭게 대

처할 수 있고, 싸다는 점을 강조할 명분도 생긴다.

예를 들어, 라이브 커머스로 '여름 원피스'를 판매한다고 해
보자. 브랜드에서 제시하는 판매 가격을 보니까 오프라인 매장의
평균 판매 가격보다 30% 이상 저렴하다. 그럼 이 방송의 가장 중
요한 첫 번째 소구점은 가격이다. 이 점을 강조하면 타이틀을 '여
름 원피스 세일전'으로 잡을 수 있겠다.

또 이 브랜드의 주 타깃층을 분석해보니 2030 젊은 여성이
주 고객이었다. 브랜드의 이미지가 젊고 여성스런 분위기라면 이
점을 특화시켜보는 거다. '데이트룩 맛집 OO브랜드 여름 원피스
세일전'! 소구점에 따라 타이틀이 조금 더 구체화된다. 평상시에

는 트레이닝에 청바지에 아무거나 걸쳐 입더라도 데이트가 있는 날만큼은 하늘하늘 여자여자한 원피스로 한껏 멋을 내고 싶은 욕망이 있다. 그 점을 자극하는 거다. '데이트룩 맛집 OO브랜드'라는 점을 강조하고 그 브랜드에서 특히 인기가 높았던 베스트 상품 5종을 엄선했다는 점이 세 번째 소구점이 된다. 타이틀을 조금 더 구체화시키면 '데이트룩 맛집 OO브랜드 여름 원피스 세일전 / 베스트 상품 엄선'이런 식의 타이틀을 완성할 수 있다.

특히 라이브 커머스 방송 중에만 특별히 '원피스에 믹스 매치하기 좋은 세트 상품을 할인 가격에 살 수 있다'거나 '기존 매장에서는 볼 수 없었던 컬러 3종을 새롭게 선보인다'거나 하는 등의 포인트도 소구점이 될 수 있다. 쇼호스트라면 리허설 전에 핵심 소구점은 따로 정리해서 반드시 숙지하고 놓치지 않도록 해야 한다.

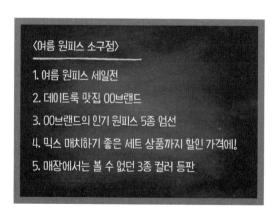

〈여름 원피스 소구점〉
1. 여름 원피스 세일전
2. 데이트룩 맛집 OO브랜드
3. OO브랜드의 인기 원피스 5종 엄선
4. 믹스 매치하기 좋은 세트 상품까지 할인 가격에!
5. 매장에서는 볼 수 없던 3종 컬러 등판

제품은 언제나 최상의 상태를 만들어라

호빵을 파는데 따끈따끈한 김이 안 난다면? 군고구마 기계를 파는데 다 식어빠진 군고구마를 보여준다면? 호텔 라방에서 일출을 볼 수 있는 오션뷰룸의 숙박권을 판매하는데 캄캄한 밤에 촬영을 한다면? 창밖으로 일출은커녕 바다조차 보이지 않는다면?

장사 망한 거다. 판매하는 제품의 상태는 가장 보기 좋은 상태, 가장 먹음직스러운 상태, 가장 아름다운 상태를 보여주는 게 원칙이다. 일출을 볼 수 있는 오션뷰룸을 소개한다면 바다가 가장 아름답게 보일 수 있는 날짜와 시간을 골라 촬영해야 한다. 미리 날씨까지도 확인하는 게 좋다. 기껏 라이브 방송을 하는데 비가 쏟아져서 바다에는 거친 파도와 비바람만 가득하다면 선뜻 숙박권을 구매해서 떠나고 싶은 마음이 생기지 않을 것이다. 일출을 라이브로 보여주기 어렵다면 인서트(자료 화면)라도 넣어야 한다. 사진전에서 작가가 가장 잘 나온 A컷 사진을 셀렉하여 전시하듯 라방에서는 제품이 주인공이다. 최상의 제품 상태를 보여주는 게 기본이다.

근데 문제는 라이브 특성상 최상의 제품 상태를 만드는 게 생각처럼 쉽지 않다. 예를 들어, 가정간편식 밀키트를 판매하는 라이브 커머스 방송이다. 쇼호스트는 라방 중에 직접 해물탕 밀키트를 끓여서 먹는 시연을 해야 한다. 그런데 막상 제품을 뜯어 냄비에 옮겨 담았더니 내용물이 너무 형편없다면 어떨까? 게나 조개, 새우 등도 너무 사잘하여 딱 봐도 쭈짐하거나 맛있어 보이지 않는다면 그 제품의 매출이 과연 잘 나올 수 있을까?

예전에 어느 라방에서 진행했던 부대찌개 밀키트도 비슷한 경우였다. 부대찌개에 작은 햄 몇 조각과 작은 두부 한 조각, 시든 파 조금뿐이었다. 한눈에 보기에도 부실해 보였다. 그렇다고 실제 제품과는 다르게 방송 중에만 별도의 신선식품을 추가로 넣어 푸짐하게 보여서는 안 된다. 그건 구매자들을 속이는 행위이다. 알배기 꽃게장을 판매할 때도 게장의 상태가 진짜 알이 있는지, 먹음직스러운 상태인지를 미리 확인해야 한다. 고객에게 배송되는 제품과 방송 중의 제품이 동일한지에 대한 확인도 필요하다. 이것은 쇼호스트의 신뢰성과도 직결된 것이기 때문에 매우 중요하다.

제품 확인이 끝났다면, 라방 중에 제품을 즉석에서 뜯어 꽃게를 직접 절단해서 속을 보여줘야 한다. 부대찌개의 내용물을 직접 확인시켜주어야 한다. 얼마나 큰 햄이 들었는지, 어떤 햄이 들었는지 생생하게 보여줘야 한다. 버섯이나 김치, 치즈, 파 등을 함께 냄비에 넣고 부글부글 끓이는 장면도 보여주어야 한다. 가장 맛

있어 보이는 상태를 연출하는 게 중요하다. 고슬고슬 갓 지은 밥과 함께 먹는 장면을 보여주는 것도 효과적이다. 화면만 보고 있어도 침이 꼴딱 넘어가도록 하는 게 목표다. 김이 모락모락 나는 흰쌀밥을 숟가락에 듬뿍 뜨고 그 위에 간장게장의 노란 알과 야들야들한 꽃게살을 올려서 클로즈업해야 한다. '밥도둑'이라는 백 마디 말보다 이미지로 보여주는 게 낫다. 먹방의 핵심은 누가 뭐래도 맛있게 먹는 거다. 맛있게 먹는 모습을 내보내기 위한 1차 관문은 음식 제품 자체로 맛있어 보여야 한다는 것을 잊지 말자.

화장품 같은 뷰티 제품 방송에서는 시연하는 쇼호스트의 피부가 최고의 상태여야 한다. 기초 화장품이든, 주름이나 미백 등을 위한 기능성 화장품이든 잘 관리된 쇼호스트의 피부 상태가 모든 것을 대변해준다. 콜라겐 마스크팩을 파는데 쇼호스트의 얼굴 피부 상태가 좋지 않다면 매출 효과를 기대하기는 어렵다. 헤어샴푸를 팔 때는 방송 몇 주 전부터 미용실에 가서 헤어 클리닉을 받는 등 모발 관리에 힘쓰는 쇼호스트들도 많다. 최상의 상태를 보여주기 위한 노력은 프로의 자세이기 때문이다.

쇼호스트는 큐레이터이자 이벤트 기획자

쇼호스트는 마케팅의 최전선에 있다. 최대한 매출을 일으키기 위해서는 기획 단계에서부터 브랜드사와 아이디어를 나누는 게 좋다. 그래야 쇼호스트의 영향력도 커지고 실적도 좋아진다. 쇼호스트는 남이 짜준 판에서 잘 놀고 진행만 잘하면 된다고 생각한다면 큰 오산이다. 물론 그런 쇼호스트도 있겠지만, 경쟁이 심화될수록 그런 사람들은 결코 살아남을 수 없을 것이다. 라이브 커머스 시장은 천문학적으로 커지고 있는 게 사실이지만 그렇다고 모든 쇼호스트가 다 잘나갈 수 있는 건 아니다. 철저한 기획과 전략으로 전문성을 키워가는 쇼호스트만이 이 치열한 경쟁에서 승자가 될 수 있다.

라이브 커머스 방송은 브랜드사에서 직접 진행하는 경우도 있고, 대행사에서 주관하는 경우도 있다. 어떤 경우든 우리 '체크인 체크아웃'은 킥오프 미팅Kick-off meeting 단계에서부터 참여한다. 대개 브랜드사에서 미팅할 때는 마케팅 담당자와 제품 담당자, 라이브 커머스 진행 담당자, 쇼호스트 등 관련자들이 모두 참여해서 기획에 대한 아이디어를 나눈다.

우리는 방송이 끝나고 재섭외가 들어오는 경우가 90% 이상일 정도다. 이는 방송 외에도 미팅 단계에서부터 차별성을 만들어가기 때문이다. 누구도 요구하지 않은 역할까지 주도해나가는 태도, 어쩌면 그 자세가 1%가 되는 노하우가 아닐까 싶다.

상품 정보를 확인하는 것은 필수다. 화장품의 경우 유해성분 등도 철저히 따져봐야 한다. 음식료의 맛과 원재료 검증도 첫 단계에서부터 이루어진다. 쇼호스트는 많은 제품 중에서 어떤 물건을 팔 것인지를 최종적으로 결정하는 큐레이터이자 MD의 역할을 하게 된다. 쇼호스트 스스로 확신이 없는 물건을 친구처럼 가깝게 소통을 나누는 구매자들에게 권할 수는 없으니까.

기획회의 단계에서는 판매 방송 중에 얼마만큼 저렴하게 줄 수 있는지 업체와 가격도 결정하고, 패키지 상품 등 판매 제품의 구성도 결정한다. 콜라겐 앰플 10개 한 세트를 판매할 때 콜라겐 마스크팩 3개를 서비스로 줄지 말지, 다른 더 좋은 구성품은 없을지 등을 논의한다. 또 할인율은 어느 정도 할지, 신상품의 인지도를 높이기 위해 기존의 베스트셀러 상품을 어떻게 패키지로 묶으면 좋을지 등에 대한 아이디어도 나눈다.

"300g 냉동만두 3개 묶음 한 세트를 오프라인 대형매장이나 온라인 플랫폼보다 몇천 원 저렴하게 판매한다고 해서 냉큼 살까요? 싼 가격에 대한 메리트보다 오히려 신상품 패키지가 더 좋을 것 같아요. 새로 출시된 냉동짜장밥과 냉동탕수육을 패키지로 묶어 중화요리 패키지 세트로 팔면 어떨까요? '우리 집 냉동실에 쟁이는 중화요리 패키지' 같은 콘셉트면 재밌잖아요. 다양한 종류를 맛볼 수 있고. 에어프라이어에 돌리면 방금 요리한 것처럼 맛도 좋으니까요."

미팅 자리에서는 마음과 머리를 열고 누구의 어떤 의견이든 귀 기울여 듣고 열심히 말하는 게 중요하다. 머릿속의 생각을 꺼내 놓으면서 정리도 되고 걸러진다. 좋은 기획은 갑자기 하늘에서 뚝 떨어지는 게 아니라 상품을 깊이 이해하는 과정에서 풍부해진다.

진짜 좋은 제품은 쇼호스트인 우리도 욕심이 나서 라이브 방송 중의 추가 혜택을 업체 측에 더 적극적으로 요청한다. 우리 라이브 커머스에서만 만날 수 있는 최고의 구성과 혜택은 곧 우리의 얼굴이고 자존심이기 때문에 고민을 많이 하고 공도 많이 들인다.

라이브 커머스 방송의 주 타깃층은 아무래도 MZ세대이다 보니까 무조건 양을 많이 주는 혜택보다는 다양하고, 유니크한 혜택에 방점을 찍게 된다. '라이브에서 처음 선보이는 신상품'이라든지, '극강 탕진잼 누릴 특별한 기회'라든지 '희소가치'를 담을 수 있는 이벤트 콘셉트를 기획해야 한다.

'휘소가치'는 나만의 가치를 가진 것에 소비를 하는 경향을 말한다. '희소가치稀少價値'라는 단어에 흩어진다는 뜻을 가진 '휘두를 휘揮'를 합친 신조어다. 한정판이나 소장판, 가장 먼저 만나는 최신상에 열광하는 소비 트렌드를 담은 단어다.

동물보호나 환경보호 같은 선한 가치에도 MZ세대는 기꺼이 지갑을 열 준비가 되어 있다. 나의 소비를 통해 아픈 길고양이 한 마리를 치료할 수 있는 이벤트가 있다면, 그 가치에 동의하는 사람들은 기꺼이 구매할 것이다.

가성비라는 말과 가심비라는 말이 있다. 가성비는 가격 대비 성능의 비율이고, 가심비는 가격이나 성능보다 심리적 만족감을 중요시하는 소비 트렌드를 말한다. 기획이나 마케팅 아이디어를 나누는 단계에서는 가성비와 가심비를 모두 고려하면서 판을 짜야 한다. 어떤 아이템이냐에 따라 다르긴 하겠지만, 싸고 양 많다고 무조건 팔리는 건 아니란 뜻이다. 오히려 소량 구매가 가능하다는 게 라이브 커머스의 장점이 될 수도 있다. 가격이 싸다고 해서 여러 개를 묶음으로 많이 사다가 쟁여놓았다가 다 쓰지도 못하고 싫증이 나서 버리거나 남에게 줘버린 경험이 있을 거다. 당장은 싼 것처럼 보여도 알뜰하게 끝까지 사용하지 못한다면 결코 싼 게 아니다. '덤'을 주는 이벤트도 전략이 필요한 이유다.

5부

Summary

–

기억해야 할 핵심 포인트

영업력

선택당하지 말고 선택하라

모바일 쇼호스트는 프리랜서인 경우가 많다. 공채를 통해 기업 소속 쇼호스트로 활동하는 경우도 있지만 기회가 많지 않다. 자의든 타의든 프리랜서 쇼호스트로 활동하는 경우가 많고, 프리랜서 세계는 그야말로 야생에서 살아남아야 하는 신분이다. 모든 분야의 프리랜서가 다 마찬가지겠지만 야생에서 살아남기 위해서는 스스로 영업력을 키워야 한다. 처음에는 10만 원, 20만 원, 어떤 경우에는 그보다 더 적은 페이를 받고 방송을 하는 경우도 생길 것이다. 이 돈을 받고 이 일을 해야 할까 고민이 깊어지기도 할 것이다. 경력을 쌓기 위한 과정이라고 생각해봐도 결코 녹록지 않다. 하지만 작든 크든 방송을 이어가야 한다. 프리랜서 쇼호스트로 살아남기 위해 필요한, 지속 가능한 영업 노하우를 몇 가지 소개한다.

첫째, 탐나는 브랜드가 '나'를 선택하도록 만들기 위해서는 내가 그들이 원하는 것을 줄 수 있어야 한다. 내가 원하는 걸 그들이 주는 게 아니다. 그들이 나를 찾게 만들어야 한다. 모든 거래의 법칙이다. 상대가 거절할 수 없는 제안을 할 것. 내가 원하는 걸 먼저 말하지 말고 상대가 얻게 될 이익을 먼저 말할 것. 비즈니스 미팅에서 상대에게 "저는 ~을 원합니다. ~을 부탁드리겠습니다."라고 말하지 말자. 상대는 내가 원하는 바에 관심이 없다. 첫마디는 반드시 "나와 함께한다면 당신은 ~을 얻을 수 있습니다. 내가 당신이 원하는 ~을 줄 수 있습니다."로 시작해야 한다.

둘째, 지금 당장 SNS 채널을 개설하고 관리해야 한다. '유튜브 구독자 1만 명을 모으면 무엇이든 시작해도 된다.'라는 말이 있다. 허튼 소리가 아니다. 1만 명은 중요한 기준점이다. 구독자와 팔로워를 1만 명 이상 가진 쇼호스트는 그 자체로 중요한 홍보 채널이 된다. 특히 페이스북, 인스타그램, 틱톡, 핀터레스트, 유튜브 등 요즘 거의 대부분의 채널에서 직접 제품 판매를 할 수 있는 마켓 기능을 도입하고 있다. 누구든, 어디서든 판매자로 손쉽게 등판할 수 있다는 뜻이다. 판매 방송뿐만 아니라 자신의 라이프 스타일이나 취향, 경험까지 공유하면서 꾸준히 채널 관리를 하자. 구독자와 팔로워 수는 쇼호스트의 인지도나 영향력 면에서 아주 중요하다.

셋째, 적극적으로 문을 두드리자. 모든 기업에는 홍보 마케팅 부서가 있고, 그들은 개인 인플루언서나 소비자 리뷰어를 찾아내는 게 일이다. 내가 좋아하고, 내가 잘 아는 제품의 생산업체에 직접 홍보를 제안해보자. 공동구매도 좋고, 라이브 커머스도 좋다. 쇼호스트가 되려는 사람은 뭐든지 어떻게든지 팔아보는 경험이 필요하다.

"대기업에서 아무것도 아닌 나에게 기회를 주겠어?"

지금 이런 생각을 하고 있다면 그 생각부터 바꾸자. 대부분의 업체는 바이럴 마케팅에 늘 목말라 있고 중요성을 인지하고 있다. 이 점을 명확히 이해하자. 자사 제품에 대한 긍정적인 후기 영상을 잘 찍어 올려줄 사람이 있다면 기업에서 마다할 이유가 없다. 아니 감사할 따름이다. 브랜드가 나의 라방 경력을 쌓아주는 게 아니라 내가 브랜드 홍보를 도와주는 것이다. 절대로 자신의 포지션을 '선택당하는 을'로 규정짓지 말자.

신뢰성

쇼호스트의 신뢰성이 곧 매출이다

'#내돈내산'이란 해시태그를 붙이는 게 유행이다. 업체로부터 몰래 돈을 받고 리뷰를 써주면서 이를 제대로 알리지 않는 뒷광고는 소비자를 기만하는 행위다. 돈을 받았기 때문에 좋은 점만 말했을 것이고, 나쁜 점을 덮어줬을 것이기 때문이다. 이는 제품에 대한 솔직한 리뷰가 아니기 때문에 믿을 수 없는 리뷰다. 따라서 '내돈내산'이라는 해시태그는 뒷광고 없이 솔직하고 신뢰성 있는 리뷰라는 것을 강조하는 일종의 '리뷰 정화 운동'이다.

리뷰는 신뢰성이 생명이다. 직접 판매 방송을 진행하는 쇼호스트에게 신뢰성은 무엇과도 바꿀 수 없는 가치다. 가짜는 금방 들통난다. 믿고 보는 쇼호스트가 되기 위해서는 사소한 거짓도 용납해서는 안 된다.

'쫀쫀한 레깅스'라고 홍보한 제품이 금세 늘어나거나 '톡톡한 기모 레깅스'라고 홍보한 레깅스가 얇고 허접한 원단일 때, 구매자들은 그 방송을 진행한 쇼호스트에 대한 신뢰성에 의심을 품는다. '받아보고 실망 않는' 제품이어야 브랜드도 쇼호스트도 산다. 제품 퀄리티에 대한 점검은 기본 중의 기본이며, 쇼호스트의 생명력을 지속 가능하게 유지하는 최고의 방법이다.

제품의 단점이 발견되었다면 덮지 말고 솔직히 말해주고 구매자 스스로 선택할 수 있게 하자. 겨울 기모 레깅스인데 생각보다 얇다면 이 점을 숨길 게 아니라 오픈해야 한다. '생각보다 얇지만 생각만큼 보온성이 떨어지진 않는다. 오히려 너무 두꺼운 레깅스는 뚠뚠해서 활동하기 불편한데 겨울철 기모 레깅스치고는 활동성이 좋다. 그러나 진짜 추위를 많이 타서 레깅스 하나만 입고도 충분히 따뜻한 제품을 찾으시는 분께는 비추다.' 이런 식으로 팩트를 정확히 알려줘야 한다. 생각보다 얇다는 점을 미리 알고 구매하는 것과 모르고 구매했다가 실망하는 건 전혀 다른 얘기다. 살지 말지를 결정하는 건 구매자 스스로의 선택이어야 한다.

쇼호스트는 경험을 공유하는 사람이다. 제품 사용에 대한 체험을 생생하고 구체적으로 전달해야 한다. 쇼호스트의 평균 연령이 33세라는 기사를 본 적이 있다. 육아맘도 환영받는 곳이 바로 라이브 커머스 세상이다. 육아맘의 충분한 경험이 제품 소개와 판매로 확장될 수 있기 때문이다.

결혼을 하고 아기가 생기면 소비지출이 크게 늘어난다. 미혼일 때는 전혀 관심 없던 제품군을 수없이 사들여야 하는데 정보는 부족하다. 시어머니나 친정어머니와는 세대 차이가 나고 주변에 젊고 감각적인 언니들에게 고급 정보를 듣고 싶지만 매번 삽질만 하다가 지치기 일쑤다. 맘카페가 비약적으로 성장한 데는 아마 이런 정보 갈증이 한몫 했을 거다. '생생하고 신뢰할 만한 쇼핑 정보'에 대한 목마름을 해갈해주는 역할을 바로 쇼호스트가 해야 한다.

구매자들과 가까운 거리에서 소통하는 모바일 쇼호스트는 '감각적인 언니' 역할에 적임자다. 쇼핑 좀 아는 언니가 직접 아이를 키우면서 쌓은 경험과 노하우까지 나누면 신뢰감이 높아진다. 쇼호스트에 대한 신뢰는 감각에 대한 신뢰다. 우리 아가가 처음 맞는 겨울, 이쁘고 세련된 점퍼 하나 사주고 싶은데 어떤 브랜드가 있는지도 모르겠고 가격만 비싸서 고민이라면? 젖병 하나를 사더라도 감각적인 언니의 경험으로 안전성과 편리성이 필터링된 제품을 추천받고 싶다면? 답은 라방에 있다. 육아 경험 많은 쇼호스트에게 있다. 그 니즈에 전략적으로 다가가면 성공은 반드시 따라온다.

소통력

실시간 쌍방향을 극대화하라

소통이라는 단어가 진부하게 느껴질 만큼 소통이 대세인 시대다. 기업이든 개인이든 가족 관계에서든, 하늘 아래 모든 관계에서 소통의 중요성을 강조하지만 역설적으로 고립이 만연하고 소통이 상실된 시대이기도 하다. 더구나 온라인상에서 맺는 관계와 소통은 기성세대들에겐 낯설기만 하다.

하지만 코로나 팬데믹으로 비대면이 일상이 된 시대에 온라인 소통은 더 이상 미룰 수 없는 중요한 관계의 방식이 되었다.

"오프라인에서 본 적도 없는 사람한테 말 걸어도 실례가 안 될까?"

잠시라도 주춤하고 있다면 우선 과감하게 구독과 좋아요를 누르자. 이것은 온라인에서 시도하는 다정한 인사다. 그다음엔 솔직하고 담백하게 댓글을 달자. 댓글과 대댓글을 다는 게 소통의 시작이다. '~님'이라고 상대의 이름을 불러보자. 훨씬 다정하게 느껴질 것이다.

이름을 부르고 댓글을 다는 것은 '내가 당신을 기억하고 있다.'라는 피드백이다. '안녕하세요. 소통 원해요.' 같은 뻔하고 상투적인 댓글을 남발하는 것은 안 하느니만 못하다. 상대의 포스팅이나 업로드 영상을 제대로 읽고 살펴봐야 한다. 읽지도, 보지도 않고 여기저기 좋아요만 누른다고 소통이 되는 게 아니다. 상대의 콘텐츠를 진심으로 관심 있게 살펴보고, 인상적인 부분을 구체적으로 언급해주는 게 좋다.

'추천해주신 숙소 정보를 보니까 아이들이 무척 좋아할 것 같네요. 주변에 아이와 함께 갈 수 있는 공방 체험 정보까지 덧붙여 주셔서 특히 도움이 될 것 같습니다. 좋은 정보 감사해요!'

포스팅에 대해 구체적인 언급이 없는 댓글은 진정성을 전달할 수 없다. 포스팅을 읽지도 않고, 잘못 읽고 대충 달아놓은 댓글은 오히려 불쾌할 뿐이다. 진심 어린 댓글을 다는 것부터 시작해보자. 그래야 내 콘텐츠에 대해서도 성의 있는 피드백을 받을 수 있고 나에 대한 팬심과 충성도도 높아진다. 관계와 소통의 질이 달라진다는 뜻이다.

이런 소통의 결과는 하루아침에 만들어지는 게 아니다. 긴 시간이 필요하다. 따라서 하루라도 빨리 시작하는 게 좋다. 어떤 채널이든 좋다. 온라인상에서의 관계 맺기도 연습이 필요하기 때문에 어느 곳에서든 자신에게 맞는 채널을 찾아 쌍방향 소통을 꾸준히 해보자.

오랜 기간 쌓은 소통의 힘은 쇼호스트로서 일할 때 틀림없이 저력을 발휘하게 될 것이다. 한 땀 한 땀 쌓은 관계는 쉽게 무너지지 않고 쉽게 배신하지 않기 때문이다. 소통의 최상위 레벨인 '지갑을 여는 단계'에서도 갈고 닦은 소통의 기술은 누구도 따라올 수 없는 노하우가 될 것이다.

PC 기반의 소통과는 다르게 모바일 기반의 소통이 가진 매력은 '실시간'이라는 즉각성에 있다. 가급적 댓글은 미루지 않고 바로바로 다는 게 좋다. 댓글을 며칠씩 쌓아두고 한꺼번에 답하는 것은 좋은 습관이 아니다. 내가 댓글을 다는 이 순간에 상대도 내 글을 보고 답해주고 있다는 것은 생각보다 짜릿한 일! 그 소중한 기회를 게으르게 포기할 필요는 없다.

실시간으로 소통하는 습관은 라방할 때 특히 진가를 발휘하게 된다. '지금, 여기, 내가, 당신과 함께'라는 슬로건을 마음에 새기고 있으면 그 마음이 랜선 밖의 구매자들에게도 반드시 전달된다. 얼굴도 모르는 랜선 친구들이 희노애락을 나누는 진짜 친구로 느껴질 만큼 가까워진다. 그게 바로 실시간 쌍방향 소통이 가진 놀라운 힘이다.

어떤 소통이든 일방적인 건 없다. '나는 맨날 너의 피드에 가서 좋아요를 누르는데 왜 너는 나한테 아는 척도 안 해줘?' 이런 마음이 들면 관계의 힘은 옅어질 수밖에 없다. 연예인처럼 맨파워가 생겨서 팬덤이 형성된 이후에는 일방적인 관계여도 어느 정도 유지가 되지만, 그런 단계가 되기 전까지는 일방적인 관계가 되어선 안 된다. 물론 요즘은 연예인도 팬들과 실시간으로 쌍방향 소통을 하기 위해 노력한다. 과거처럼 신비주의를 품고 하늘의 별처럼 '스타'로만 존재해서는 생명력을 유지하기 어렵다. 하물며 쇼호스트는!

정보력

제품을 알면 백전백승

쇼호스트는 리서슈머Resear-Summer로서의 정체성이 필요하다는 사실을 잊지 않아야 한다. 리서슈머는 연구자Researcher + 소비자Cunsumer의 줄임말이다. '자신이 호감 가는 분야에 대해 전문가와 비슷한 수준의 지식을 갖추고 있는 소비자'라는 뜻으로 쓰인다. 한 분야에 몰입하는 덕후가 곧 리서슈머인 셈. 모든 분야에 다 리서슈머가 될 수는 없겠지만, 적어도 한두 개 주력 분야에서는 리서슈머로서 정보력과 지식을 가지고 있어야 한다.

제품에 대한 기본적인 배경지식이 부족하면 라방 중에 실수를 하기 쉽고, 실수를 하면 금방 부정적인 댓글로 도배가 된다. 실시간 소통이 갖는 어려운 점이다.

"방금 하신 설명은 틀렸어요."

"저 제품의 리미티드 에디션이 출시된 것은 19년이 아니라 20년입니다."

"제품 스펙을 잘못 설명하신 거 아닌가요?"

방송 전에 충분히 제품 정보를 확인한다고 하지만, 놓치는 부분도 있을 수 있다. 정확하지 않은 정보나 잘못된 정보를 말했다면 빠르게 사과를 해야 한다. 사람은 누구나 실수할 수 있으니, 한두 번 실수쯤은 괜찮다. 쫄지는 말자. 그러나 같은 실수를 반복해서는 안 된다. 실수가 잦으면 실력이 된다. 실수는 참을 수 있지만 실력이 떨어지면 퇴출되고 만다.

업체와 미팅할 때 제품 정보에 대해 충분히 질문하고 토론하자. 물론 사전 공부가 되어 있어야 질문도 토론도 가능하다. 쇼호스트가 제품에 대해 이해하고 있는 만큼 구매자에게 가이드를 줄 수 있다. 제품과 시장, 타깃층에 대한 정보력은 반드시 매출로 드러난다.

'서치Search, 검색의 생활화'는 필수다. 뭐든 궁금하게 있으면 검색해보자. 답은 내 폰 안에 다 있다. 유튜브에서 관련 영상 몇 개만 찾아봐도 궁금증을 해결할 수 있다. 그 정도 노력도 없이 리서슈머가 될 수는 없는 일이다. 조금 더 깊게, 조금 더 정확하게 정보를 찾아 카테고리별로 정리해두면 반드시 써먹을 때가 있다. 언제 어떤 제품이 걸릴지 모르기 때문에 일상에서 만난 다양한 제품, 기업, 트렌트, 상식 등 닥치는 대로 메모하는 습관을 갖는 게 중요하다. 그래야 방송 중에 구매자들에게 하나라도 더 '팁'을 알려줄 수 있다.

"네~ 이거 좋아요. 정말 좋아요. 써보시면 알아요. 진짜 만족하실 거예요."

이런 멘트만 반복하는 쇼호스트들이 너무 많다. 제품에 대한 구체적인 이해와 정보가 없으니 막연하게 좋다는 말만 반복하는 거다. 한두 번이야 운이 좋아 실적을 올릴 수 있었다 하더라도 매번 이런 식으로 방송을 반복한다면 결코 롱런을 보장할 수는 없을 것이다.

가랑비에 옷 젖는다는 말이 있다. 눈앞에 닥친 돈과 방송 횟수에만 휘둘리다 보면 어느샌가 내가 꿈꾸던 삶과 동떨어진 곳에 놓여있게 된다. 목표 의식을 가지고 성실하게 쌓은 실력과 정보력은 당장 내일은 티가 안 나더라도 몇 달 후, 몇 년 후 내 삶의 위치를 달라지게 만들 것이다.

Q & A

A_Academy

Q. 쇼호스트 아카데미를 다니고 싶은데, 좋은 아카데미를 고르는 기준은 뭘까요?

라이브 커머스 시장이 커지면서 모바일 쇼호스트를 양성하는 아카데미들이 우후죽순 생겨나고 있다. 개중에는 검증되지 않은 곳도 많고, 한두 달 안에 모든 걸 속성으로 끝내는 단기입문 과정만 있는 곳도 있다. 인터넷으로 어느 한 곳만 알아본 뒤 성급하게 결정하지 말고, 최소한 몇 곳은 직접 찾아가서 분위기도 보고 상담도 받아본 후에 등록하는 게 좋겠다.

아카데미는 기본기를 충실히 다진다는 데 의미가 있다. 좋은 아카데미의 기준은 목소리 톤을 조정하는 발성부터 실전 큐시트 작성까지 입문자의 기본기를 충실히 다져줄 수 있는 커리큘럼이 짜여 있는지를 살펴야 한다.

8주~10주 정도의 단기 코스도 많은데, 사실 이 정도로는 맛보기에 그칠 우려가 크다. 개인적으로는 수료 기간이 최소 16주 이상은 되어야 기본기를 다지는 데 좋지 않을까 싶다. 특히 회사의 쇼호스트 공채를 준비하고 있다면 채용 일정에 맞춰 도움 받을 수 있는 아카데미를 고르는 것도 현실적인 고려사항이다.

한 반의 인원이 너무 적은 것도, 너무 많은 것도 효과적이지는 않다. 5~8명 정도의 인원이 밀도 있는 실습 위주의 수업을 하면 실력을 키우는 데 좋다. 제품 PT 프로그램이 잘 짜여 있는지도 확인하자. 제품 PT는 Presentation의 약자인데, 판매할 제품을 소개하거나 설명하는 것을 PT라고 한다. 제품 PT는 쇼호스트로서의 자질과 역량을 보는 중요한 척도다. 충분히 연습을 통해 실력을 쌓으면 면접에서나 실제 방송에서도 큰 도움이 된다. 이 과정을 1대 1로 꼼꼼히 봐주는 아카데미도 있고, 소그룹 내에서 서로를 평가하며 연습하는 과정을 거치는 아카데미도 있다. 어떤 곳은 PT를 배틀 형식으로 진행하여 긴장감과 몰입도를 높이기도 한다.

다른 사람의 PT를 보는 것도 매우 중요하다. 다른 사람의 PT를 보며 잘된 점과 하지 말아야 하는 점 등을 체크하다 보면 좀더 객관적으로 자신을 비춰볼 수 있다. 또한 같은 상품으로 PT를 한다 해도 쇼호스트마다 각각 자신의 스타일과 분위기가 배어 나오기 마련이다. 다른 사람의 방송 스타일이나 개성을 통해 결과를 비교해보는 것도 큰 공부가 된다.

어느 방식이 더 낫다고는 말할 수 없지만, 어쨌든 카메라를 켜놓고 실전처럼 PT 연습을 하는 과정은 매우 중요하다. 기왕 비용을 내고 아카데미를 다닐 거라면 다양한 프로그램과 커리큘럼이 잘 짜인 곳을 선택하자. 그래야 이후 방송 활동에 도움이 될 만한 기본기를 어느 정도 다질 수 있게 될 것이다.

B_Brand

Q. 개인 브랜딩을 위해 닉네임을 꼭 만드는 게 좋을까요?

우리는 '체크인 체크아웃'이라는 팀으로 움직이는 터라 개인 닉네임을 따로 쓰지는 않는다. 그러나 혼자 활동하는 경우, 닉네임을 만드는 것도 임팩트Impact, 독자나 시청자의 주의를 강하게 끄는 요소를 높인다는 점에서 추천한다. 특히 본명이 너무 흔한 경우라면 아무래도 이미지가 묻힐 우려가 있으니 닉네임을 만드는 게 낫다. 자신의 이미지에 맞고 부르기 쉽고 인상적인 닉네임을 만들면 사람들은 더 잘 기억한다.

앞선 챕터에서도 언급했지만, 개인 브랜딩은 불특정 다수에게 나를 각인시키는 일이다. 평범한 외모, 평범한 이름, 평범한 목소리와 말투로는 승부를 내기 어렵다. 짧은 시간에 '나'라는 사람을 알리고 기억하게 만드는 가장 좋은 방법은 특징적인 무언가를 만들어 입히는 것이다. 의상, 헤어, 액서세리, 특유의 말투 등 이미지 메이킹 방법이 많다. 그중 가장 기본적이면서도 손쉬운 게 닉네임을 짓는 것이다. '지영', '은경' 같은 일상적인 이름으로 부를 때와 닉네임으로 이미지 메이킹을 했을 때와는 느낌이 확연히 다르다.

160만 구독자를 가진 경제 유튜버 '신사임당'은 5만 원권 지폐에 신사임당이 그려진 것에서 착안하여 '경제는 곧 돈'이라는 생각으로 닉네임을 신사임당으로 지었다고 한다. 신사임당님의 본명은 주언규이지만 경제 유튜버라는 콘텐츠 방향을 직관적으로 담아주지는 못한다. 한국판 리틀 포레스트의 현신이라 일컬어지는 80만 유튜버 '냥숲'은 고양이와 함께 자연 속에서 살아가는 라이프 스타일을 담은 영상을 올린다. 자신의 캐릭터와 콘텐츠에 잘 어울리도록 '냥숲'이라는 닉네임으로 활동 중이다. 모바일 쇼호스트도 궁극적으로는 영상 콘텐츠 크리에이터라는 생각으로 접근하면 훨씬 개성있고 특징적인 브랜딩을 시작할 수 있을 것이다.

C_Connect

Q. SNS를 시작한지 꽤 지났는데 팔로워가 제자리예요. 단기간에 팔로워 숫자를 빠르게 늘리는 방법은 뭘까요?

팔로워의 숫자 자체에 너무 휘둘릴 필요는 없다. 하지만 아무래도 팔로워 숫자가 많을수록 영향력이 커지는 건 사실! 어떻게 하면 팔로워 숫자를 늘릴 수 있을까?

팔로워를 늘리기 위해 괜찮은 피드에 먼저 가서 선팔을 해주거나 직접 맞팔을 요청하기도 한다. 하지만 그렇다고 상대가 다 맞팔을 해주는 건 아니다. 또 지나치게 맞팔을 요청하다가는 매크로라고 여겨 활동을 정지당할 수도 있다. 팔로워보다 팔로잉 숫자가 지나치게 많은 것도 보기에 좋지는 않다. 일방적으로 쫓아다니는 느낌을 주니까.

우선 가장 좋은 방법은 첫째, 게시글의 퀄리티 자체를 높이는 방법이다. 당연한 이야기 같지만 가장 본질적인 게 가장 빠른 지름길이다. 영상이나 사진, 콘텐츠의 질과 내용이 좋으면 선택받을 수 있다. 좋아요를 구걸하러 다닐 시간에 어떻게 하면 사진 하나라도 잘 찍을까 연습하고 공부하자. 매 순간 메모하는 습관을 들이고, 메모해둔 좋은 내용을 SNS 텍스트로 활용해보는 것도 포스팅의 질을 높이는 방법이다. 볼 만한 사진과 영상, 읽을 만한 텍스트가 있으면 자연스레 팔로워가 는다.

둘째, 처음부터 욕심내지 말고 꾸준히 하자. '단기간에', '빨리' 이런 조급증은 언제나 '쉬운 포기'를 불러온다. 하루아침에 태산을 옮길 수는 없고 천 리 길도 한 걸음부터 시작하는 거다. 하나의 콘셉트를 잡아 꾸준히 하는 것도 좋다. 콘텐츠가 어느 정도 쌓여야 힘을 발휘하는 것이다. 타인과의 소통도 시간이 쌓여야 한다. 형식적이고 습관적으로 좋아요만 누른다고 되는 게 아니라 다른 이들의 피드에 진심으로 반응하자. 댓글과 대댓글을 통해 많은 관계가 만들어지고 이 관계가 긴 시간 동안 이어질 때 비로소 의미 있는 팔로워가 힘을 발휘한다.

셋째, 이벤트나 챌린저 등에 적극적으로 참여하면서 해시태그나 친구태그 등을 활용하자. SNS는 사회적 이슈에 민감하므로 선한 가치에 적극적으로 동참하고 목소리를 내면 비슷한 가치관을 가진 사람들에게 공감을 이끌어낼 수 있다. 사람들의 관심이 높은 이벤트나 챌리저에 대한 해시태그를 통해 검색과 노출을 유도하는 것은 아주 기초적인 SNS 활용법이다.

팔로워를 늘리기 위해 별도의 설치 프로그램을 까는 등의 방법은 장기적으로 봤을 때 썩 바람직하지 않다. 오히려 이런 편법은 스스로 콘텐츠 역량을 키우는 데 방해가 된다.

D_Demand

처음 프리랜서로 쇼호스트를 시작하려고 하면 경력이 없으니까 페이를 어떻게 요구해야 할지 모르겠더라고요. 무료 열정페이로라도 방송을 시작해야만 하는 건가요?

회사 소속의 쇼호스트는 경력이 없더라도 계약직, 정규직 신분에 따라 각각 신입이든 경력이든 알맞는 연봉을 받는다. 하지만 대부분의 프리랜서 쇼호스트들은 업체와 건건이 계약을 맺어야 하고, 그 과정에서 쇼호스트의 페이를 결정해야 한다. 이때 경력이 없는 초보 쇼호스트의 경우 어느 정도 선에서 페이를 요구해야 할지 몰라 어려움을 겪는 경우가 있다.

특히 일부 업체에서는 쇼호스트가 경력이 없다는 점을 악용하여 판매 방송의 제품을 주는 것으로 페이를 대신하기도 하고, 이마저도 없이 무료 방송을 요구하기도 한다. 쇼호스트 스스로 페이를 안 줘도 좋으니 방송 기회를 달라고 먼저 제안하는 경우도 있다. 물론 처음 시작할 때 한두 번은 경험 삼아 돈을 받지 않고 방송을 해줄 수도 있다고 치자. 그러나 프로의 세계에서 페이는 곧 몸값이며 능력이다. 아무리 경력이 없다고 해도 무조건 무료로 방송을 해주겠다는 태도에는 반대다.

비록 경력이 없더라도 실력을 입증할 수 있을 만한 영상을 준비해서 업체 측에 보여주자. 그리고 단돈 5만 원이라도 요구하자. 그 돈만큼 방송 날 음료수를 사가는 한이 있더라도 일단 페이는 받는 게 맞다. 교통비 정도라도 방송 진행비 명목으로 최소 5~10만 원은 받자. 그리고 플러스 알파로 방송 시 판매 실적에 따라 옵션을 요구해보자. 업체 측이 거절한다면, 1회 방송 무료와 결과에 따라 이후 방송 진행에 대한 옵션을 거는 것도 좋다.

계약을 할 때는 언제나 자신의 요구를 확실하게 말해야 한다. 경력이 없다는 이유로 상대가 제시한 조건에 무조건 따라갈 필요는 없다. 어디서든 당당할 수 있을 만큼 준비하고, 준비가 됐다면 자신감을 가지고 요구하자. 터무니없는 억지를 부리면서 돈을 받아내라는 것이 아니라 일한 만큼, 성과를 낸 만큼에 대한 정당한 대가는 요구하는 게 맞다는 의미다.

E_Experience

쇼호스트로서의 경험을 쌓고 싶은데 기회가 없어요. 도대체 어떻게 시작해야 할까요?

우선 프로필 사진을 찍고 이력서를 써보자. 쇼호스트로서의 이력이 전혀 없어도 상관없다. 타 분야의 이력이라도 빼먹지 말고 정확하게 쓰자. 요즘은 개인 SNS 계정의 팔로워 숫자도 이력서 기재 사항이니 꼼꼼하게 챙기자. 그리고 포트폴리오로 사용할 영상을 찍자.

라이브 커머스 플랫폼에서 자신이 잘 표현할 수 있는 제품을 골라 실제 모바일 라이브 커머스 방송을 진행하는 것과 똑같이 진행한 영상을 준비하자. 비록 실전 방송 경험이 없더라도 업체에서 나를 쓸지 말지를 결정할 수 있는 최소한의 검증 자료는 첨부해주어야 긍정적인 결과를 기대할 수 있다.

그다음 라이브 커머스 방송이나 스마트 스토어 등에서 판매자 정보를 찾아 이력서와 자료 등을 보내자. 기업체의 대표 메일이나 고객센터를 통해 마케팅 부서 담당자 메일로 보내면 된다. 요즘은 크몽 플랫폼을 통해 업체에 이력서를 보내기도 하고 카카오톡 1:1 오픈 채팅방에 나의 이력을 올려놓기도 한다. 인스타나 블로그 등에서 나의 프로필과 이력을 알리는 것은 기본 중의 기본이다. 필요하면 '사람인' 같은 구직구인 사이트에서 내가 원하는 업체의 정보를 파악한 뒤 이력서를 보내봐도 좋겠다.

요즘 인스타그램에서는 라방을 누구나 손쉽게 켤 수 있다. 누군가 나를 선택해주지 않더라도 혹은 자신의 스마트 스토어가 파워 등급이 아니라도 방송할 수 있는 기회가 있다. 인스타그램 라방을 켜서 접속자들과 어떤 이야기라도 소통하는 법을 연습하면 큰 공부가 된다. 또 인스타그램에서 공구를 진행하며 라이브를 진행한다면 이 역시 방송 경험에 더할 나위 없이 좋다. 이 모든 게 중요한 경험이고 이력이다.

"세상 어디에도 '초짜'를 원하는 곳은 없는데 누군 날 때부터 경력을 가지고 태어난단 말인가?"
"도대체 초보는 어디서 경력을 쌓으란 말인가?"

의문과 분노가 동시에 들기도 할 것이다. 그러나 언제까지 불평만 하고 있을 수는 없다. 비록 경력이 없더라도 준비된 사람이라는 것을 보여줄 수 있도록 최대한 증빙을 갖추는 수밖에 없다. 그게 1차 스텝이다.

2차 스텝은 준비된 영상과 이력서 등을 가지고 어디든 쫓아다니며 적극적으로 나를 알릴 것. 닥치는 대로 찾아다니고 부딪히고 만날 것. 그러다 보면 반드시 기회는 온다. 사회는 열심히, 잘하는 사람을 귀신같이 알아본다. 굳이 이력서를 보지 않아도, 몇 마디 말만 나누어봐도 어느 정도 준비가 된 사람인지를 알아보는 선수들이 널려 있다. 그러니 기회가 없다고 불평하기보다는 아직 준비가 안 됐다고 생각하자.

"엇? 저 사람 잘하는데?"

아무리 경력이 부족해도 당신을 보자마자 이런 말을 던지는 사람이 나타날 것이다. 당신이 충분히 준비되어 있다면! 선수는 선수를 분명히 알아본다.

F_Face & Fact

판매 방송을 하기로 했는데, 막상 제품을 써보니 너무 별로였어요. 이럴 때는 어떻게 하면 좋을까요?

이미 라이브 방송을 진행하기로 계약이 완료된 상황이라면 번복하기는 어렵다. 구두 합의를 했더라도 약속은 지키는 게 옳다. 이미 방송을 하기로 해놓고 함부로 뒤집는 건 조심해야 한다. 이런 난감한 상황을 피하기 위해 항상 방송 진행 여부를 결정하기 전에 반드시 제품을 충분히 확인하는 절차를 거쳐야 한다.

업체 측으로부터 방송에 대한 제안이 오면 샘플을 먼저 받을 수 있는지 확인하자(고가의 제품이라 샘플 증정이 어렵더라도 최소한 실물 제품을 확인할 수 있는 방법을 업체에 문의해야 한다.

왼쪽 화면

홈 패션 뷰티 푸드 라이프 라이브쇼 키

김동완의 레리GO
**입문자 등산 필수템
김동완의 솔직 리뷰**
지금 LIVE 중

지금 라이브중

LIVE 1.5만명 시청중

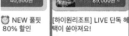

스알엑스 NEW ...
40,500원

🖐 NEW 풀핏
80% 할인

[하이원리조트] LIVE 단독 해
택이 쏟아져요!
♡ 7,160
⬤ 하이원리조트

LIVE 1.4만명
[일트X탑탑]라'
코디 #트렌디룩
3,988
일트 일트

오른쪽 화면

홈 패션 뷰티 푸드 라이프 라이브쇼 키즈

4월 27일
10:30

[25%할인+무배] 아이와 함께 천연 수
제 비누 만들기
단 10분! 깜짝 히든 세일 ⏰
11곡월 약산성 지성용 샴푸바 만...
13,900원 N 1+1 적립

하비인다박스
🔔 알림받기

구매자 수 TOP 10 ⓘ

9 1:09:26

10

하이원리조트 워터...
89,000원 ~

[하이원리조트] LIVE 단독 ...
▶ 2.1만 ♡ 1.5만
⬤ 하이원리조트

슬로우 매트리스 토...
27% **329,900원**

실제 고객의 슬로우 토...
▶ 4.4만 ♡ 1.7만
slou 슬로우 매트리스

제품을 보지도 않고 판매 방송을 하는 것은 자칫 허위광고의 위험에 빠질 우려가 있다).

'방송 제안을 받은 제품'에 대한 리뷰도 인터넷에서 꼼꼼히 찾아보자. 제품의 샘플을 받았으면 단 며칠이라도 직접 사용해보고 궁금한 점도 적어두자. 이 질문은 업체 관계자들과 미팅할 때 반드시 짚고 넘어가는 게 좋다. 그래야 소비자 입장에서 어떤 정보를 주어야 할지 방향을 잡을 수 있다.

제품에 대한 검증이 끝났을 때 비로소 방송 진행을 할지 말지 결정하는 게 순서다. 연기 잘하는 배우에게 '얼굴이 곧 개연성이다.'라는 칭찬을 하곤 한다. 쇼호스트는 얼굴이 곧 팩트다. 자기 얼굴을 걸고 하는 방송인 만큼 판매 제품에 대한 책임감을 잃지 않아야 한다.

'방송 스케줄은 늘 촉박하다. 쇼호스트가 자신이 방송하는 제품을 다 검증할 수 없다.'라고 항변하고 싶은 마음도 있을 것이다. 하지만 쇼호스트 일을 하루 이틀 하고 말 게 아니라면 원칙은 지키는 게 맞다. 쇼호스트의 얼굴과 입을 통해 뱉은 말들은 구매자가 구입한 제품에 로고처럼 찍힌다. 조금 번거롭고 힘들더라도 길게 보면 이 원칙을 지키는 게 답이다. '좋은 제품을 저렴한 가격에 판다.'는 쇼호스트의 본분을 잊지 않는다면 매 순간 최선의 판단을 내릴 수 있을 것이다.

G_Gather

개인 블로그에서 공동구매를 진행해 보고 싶은데요. 어떤 물건으로 어떻게 시작하면 좋을까요? 특별한 노하우가 있다면 배우고 싶어요.

사람을 모아서 파이를 키우면 단가를 낮출 수 있다. 이게 공동구매의 원리다. 개인이 물건 1개를 사면 소매 가격으로 사야 하지만 여러 명을 모아서 구매 수량을 늘리면 도매 가격에 살 수 있다. 개당 가격을 낮추는 것. 소비자는 물건을 싸게 살 수 있어 좋고, 파는 사람은 물건을 싼 가격에 공급하더라도 많은 수량을 팔 수 있으니 이득이다. 아주 기본적이고 당연한 장사의 법칙이다.

이때 '사람 모으는 역할'을 한 사람은 업체로부터 수수료를 받거나 약간의 중간 마진을 챙길 수 있다. 요즘은 공구 사이트도 많고, SNS 등 플랫폼의 결제 시스템도 워낙 편리해져서 공동구매가 매우 활성화되었다. 라이브 커머스로 방송을 진행하는 쇼호스트들이 개별적으로 공구를 진행하는 경우도 많다.

그럼 공동구매를 처음 시작할 때 꼭 기억해야 할 노하우는 무엇일까?

첫 번째는 두말할 것도 없이 좋은 제품이다. 제품 경쟁력이 있으면 공동구매는 성공할 수밖에 없다. 품질과 가격, 희소성 면에서 경쟁력이 있는 제품을 발굴해보자. 예를 들어, 아기 기저귀 같은 경우는 각자 이미 쓰는 브랜드가 있고 같은 브랜드의 제품이라면 품질도 가격도 거의 다 거기서 거기다. 공구로 산다고 해서 큰 차별성이 없다. 사람들을 많이 모으기 어렵다. 너무 흔한 제품보다는 새롭고 신선한 제품을 찾아보자.

민감성 아토피 피부를 가진 아기에게도 좋은, 순하고 보습력 짱인 바디로션 제품을 공구한다고 해보자. 일반 마트에서는 구하기 어려운 제품이고, 가격대가 결코 싸지는 않지만 리뷰들이 매우 좋다면? SNS에서 관계 맺은 이웃과 친구들에게 권하기도 좋도, 선물하기에도 너무 좋은 제품이라면? 제품 선정에서부터 이미 성공 예약이다. 공구의 시작과 성공은 제품의 경쟁력이 8할이다.

두 번째는 가격 경쟁력과 특별한 혜택이다. 아무리 좋은 제품이라도 쿠*에서 구매하는 것과 별 차이가 없으면 굳이 왜 공구를 하겠는가? 번갯불에 콩이라도 구워 먹을 수 있을 만큼 총알배송, 로켓배송이 대세인 시대에 굳이 며칠씩 기다려가면서?

공구가 매력이 있으려면 피부로 체감할 수 있을 만큼 가격 면에서 매력이 있어야 한다. 그리고 그 공구에 참여했을 때 얻을 수 있는 특별한 혜택이 있어야 한다. 사은품으로 어떤 선물을 챙겨주든, 덤으로 구매 제품을 몇 개 더 얹어주든, 이벤트가 있어야 한다. 이벤트로 특별한 혜택을 줄 때는 꼭 대단히 비싼 게 아니라도 '특별한 것'이 좋다. 아기 로션을 샀는데 사은품으로 뱅쇼키트 1회분이 따라왔다면?

"뽀송뽀송하게 아기 목욕도 다 시키고 로션까지 꼼꼼하게 다 발라줬다면, 이젠 엄마가 쉴 차례예요. 아기 목욕시키는 동안 주전자에 와인을 붓고 이 키트를 투하하세요. 싸구려 와인이라도 상관없어요. 보글보글 끓일 거니까요. 아기를 다 씻기고 나오면 뱅쇼가 완성되어 있을 거예요. 오늘도 수고한 당신, 멋지게 뱅쇼 한 잔 하면서 힐링하시라고 사은품으로 뱅쇼키트 챙겨드릴게요."

본 제품과 사은품의 조합이 낯설지만 낯설기 때문에 뜻밖의 행복을 줄 수 있다. 좋은 제품을 싸게 사서 좋고, 특별한 사은품을 받아서 좋고! 공구의 매력은 그런 거다!

셋째, 공구를 했으면 반드시 리뷰를 모아라. 제품을 다 팔았다고 판 데서 끝나면 안 된다. 제품은 잘 받았는지, 써보니까 어떤지…. 제품의 질, 가격, 배송 기간, 배송 상태 등 다방면에 걸친 리뷰를 모아서 정리해야 한다. 제품을 팔 때는 열심히 하면서 팔고 난 후 리뷰를 모으는 과정은 소홀히 하는 경우가 많다.

공동구매는 온라인상에서 소통과 관계를 맺고 있는 이웃이나 친구들인 경우가 많으므로 특히 판매 후의 작업에 공을 들여야 한다. 그래야 다음에도, 또 다음에도 함께 물건을 사서 나누어 쓰는 시너지가 생긴다.

6부

Special

–

돈 벌고 싶은 육아맘에게

용기에 관하여

슈퍼우먼은 없다

아름다운 웨딩드레스를 벗는 순간 결혼은 현실이 된다. 아이가 태어나면 상상 이상의 육아헬이 시작된다. 전업맘은 전업맘대로, 워킹맘은 워킹맘대로 딜레마에 빠진다. 웬만한 전문직이 아닌 이상 외벌이에 의존하는 전업맘은 경제적 쪼들림과 독박육아로 인한 소외감, 우울감을 겪는다. 자존감 하락은 덤이다. 일을 계속하는 워킹맘도 힘들기는 마찬가지. 어린 아기를 남의 손에 맡겨야 하는 불안을 감수해야 하고, 일과 육아 어느 쪽도 제대로 해내지 못하는 것만 같은 자괴감과 스트레스가 몰려온다. 죽어라 일은 해도 한 사람 월급이 고스란히 '이모님', '어머님' 비용으로 나가니 돈을 벌어도 모이지는 않는 고난의 행군이 펼쳐지기 일쑤다. 이래저래 육아맘들의 고민이 깊어질 수밖에 없다.

아기를 낳은 후 몸이 좀 돌아오고, 정신을 차리고 나면 육아맘들은 너도 나도 슈퍼우먼을 꿈꾼다. 아니, 슈퍼우먼이 되지 않으면 안 되는 상황에 놓인다. 육아도 잘하고 싶고, 돈도 벌고 싶고, 자아성취도 놓치고 싶지 않은 간절한 마음! 대략난감한 이 상황을 조금 먼저 겪어낸 선배 육아맘으로서 함께 고민을 나누고 답을 찾고 싶어 이 챕터를 덧붙인다.

육아맘에게 일은 단순한 돈벌이 그 이상이다. 전업맘이든 워킹맘이든 마찬가지다. 전업맘이 느끼는 단절감을 극복하기 위해서도 일은 필요하고, 모두에게 을이 되어 눈치를 보며 살아야 하는 워킹맘에게도 일은 놓을 수 없는 마지막 보루다. 어떻게 하면 이 어려운 육아헬의 시기를 슬기롭게 헤쳐나갈 수 있을까?

우선 가장 중요한 것 하나! 우리는 슈퍼우먼이 아니라는 거다. 내 손으로 모든 걸 다 해낼 수도 없고, 모든 걸 다 잘할 수도 없다. 그걸 빨리 인정하면 마음이 편해진다. 다른 엄마들과 비교하면서 불안해하지 말고 자신이 할 수 있는 범위 안에서 최선을 다하면 된다. 슈퍼우먼이 아니어도 얼마든지 아이를 잘 키울 수 있다. 아이에게 일어나는 모든 일이 결코 엄마 탓만은 아니다. 아이를 망치는 건 오히려 조급함과 욕심이 아닐까? 조금 서툴고 부족해도 괜찮다. 이걸 빨리 인정해야 조급함과 욕심을 한 숟가락씩 덜어낼 수 있다.

아이에 대한 미안함과 죄책감도 내려놓자. 온종일 옆에 있어 준다고 최고의 아이로 성장하는 건 아니다. 육아는 양보다 질이다. 한 시간을 함께 있더라도 얼마나 집중하고 사랑하는 마음을 전하느냐에 따라 아이가 느끼는 충만함은 다르다. 그러니 더 이상 '일을 할 수 없는 백 가지 이유'에 매몰되지 말고 '일을 해야 하는 한 가지 이유'에 집중하여 용기를 내보자. 당장 어디 취직해서 풀타임으로 일하지 않아도 된다. 집에서 할 수 있는 일, 하루에 한 두 시간이라도 할 수 있는 일, 내가 가장 잘하는 일부터 조금씩 시작해보자.

일하는 엄마에게 늘 닥치는 비상상황

육아를 하다 보면 별의별 일이 다 있다. 아이가 갑자기 아프기도 하고 갑자기 다치기도 한다. 이럴 때마다 직장맘들의 고충은 말도 못하게 크다. 걱정과 불안으로 퇴근 시간까지 발만 동동 거리기 일쑤고 상사에게 아쉬운 소리를 해가며 조퇴를 하기도 한다. 또, 직장 다니는 엄마들의 가장 큰 고민은 바로 아이들 방학일 것이다. 방학을 맞이한 아이들은 집에서 많은 시간을 보내야 하지만 엄마의 직장은 방학이 없지 않은가! 방학은 일하는 엄마들에게는 그야말로 비상상황이다.

얼마 전에 있었던 일이다. 브랜드들의 국내 및 해외 바이어들 시전용 영상 촬영 업무가 있던 날이었다. 진행자인 내가 직접 브랜드 컨택까지 했기 때문에 약속 시간 전에 스케줄 확인차 연락을 드렸다. 그런데 갑자기 30분이나 늦게 도착할 것 같다며 양해를 구하는 것이었다. 나는 촬영을 끝내자마자 곧바로 아이들 하원 픽업을 가야 했다. 늘 마찬가지지만 아이들 등하원 시간은 빠듯하기 마련이다. 더군다나 그날 촬영은 크리스마스 이브에 금요일 퇴근 시간까지 딱 걸린 최악의 상황! 통화를 마치자마자 발을 동동 굴렀다. 아이들 하원 시간에 맞추지 못할 게 뻔했다.

"어쩌지? 어쩌지?"

보통 때 일이 늦어지거나 밤 방송이 잡히면 친정엄마께 특별히 부탁을 드리곤 했다. 하지만 그날은 친정엄마도 여행을 가시고 안 계셨다. 남편도 늘 늦게 끝나고 바빠서 미리 약속한 게 아니면 갑자기 시간을 내기 어려운 사람이었다. 연락하기가 망설여졌다. 하는 수없이 집 근처에 사시는 아이들 고모에게까지 전화를 넣었다. 하지만 고모도 백신 접종 후 몸이 아픈 터라 더 부탁드리기 어려웠다. 주변의 이웃들, 아이 친구 엄마들은 크리스마스이브라 가족들과 이미 외출해 있거나 약속이 있는 상황.

생방송은 아니었어도 워낙 큰 프로젝트라 예정되었던 스케줄이었지만 변수가 생기는 건 어쩔 수 없었다. 일을 하다 보면 이런 식의 변수는 비일비재하다. 30분 정도 늦는다던 브랜드사의 도착 시간은 더 미루어졌다. 진땀이 바작바작 나서 마스카라도 다 번졌다. 입술이 타들어가는 것만 같았다. 하는 수없이 최후의 백업맨 남편에게 전화를 걸었다. 남편은 미팅 중이어서 길게 통화하기도 어려웠다. 머릿속에서는 수많은 경우의 수와 최후의 시나리오들이 바쁘게 휙휙 돌아갔다. 그런데 천만다행으로 5분 뒤 남편에게서 전화가 왔다. 미팅을 서둘러 정리하고 나와서 애들한테 바로 가고 있다는 것이었다. 그제서야 긴장이 탁 풀렸다.

그날, 결국 그 브랜드는 약속한 시간보다 한 시간이나 지나서야 도착했다. 세팅 시간까지 고려하니 예상 시간보다 두 시간 가까이나 지체되었다. 남편이 서둘러 퇴근해주지 못했다면 어땠을까 생각하니 아찔하다. 이런 순간을 겪으면 무뚝뚝한 것만 같던 남편에게도 감사한 마음이 크다. 워낙 가정에서 엄마의 역할을 중요하게 생각하던 사람이라, 평상시에는 남편이 내 일을 지지해준다는 생각을 크게 못하고 살았다. 그런데 갑작스런 상황이 닥치니 그래도 가장 빠르게 움직여주는 건 역시 남편이었다.

부부라는 관계는 서로 한 발씩 묶고 뛰어야 하는 2인 삼각경기라고 누군가 말했다. 어깨 걸고 함께 착착 호흡을 맞추지 않으면 앞으로 전진할 수가 없다. 서로가 서로에게 비빌 언덕이 되고 백업이 되어주어야 하는 관계. 일을 시작하고 보니 남편과 가족들에게 고마울 때가 정말 많다. 다급하고 아쉬운 순간에 내가 손 내밀 수 있는 유일한 보험이다. 말 한마디라도 따뜻하게, 잘해야겠다는 생각을 늘 한다. 아마도 이렇게 조금씩 성숙한 어른이 되는 것 같다.

엄마가 되기 전에는 누구에게도 아쉬운 부탁을 할 일이 없었기 때문에 교만했다. 하지만 세상은 혼자 살아가는 게 아님을, 엄마가 되어서야 알았다. 누군가에게 도움도 청하고, 도와주기도 하면서 살아야 한다는 걸 배워가는 중이다.

가사와 육아라는 게 무 자르듯이 똑같이 분담할 수도 없다. 그래봤자 서로 피곤해지고 관계를 망치기 일쑤니까. 특히 워킹맘의 경우는 누가 설거지를 한 번 더 했느니 안 했느니, 누가 아이 픽업을 갈 거니 말 거니로 매번 싸우게 되는 게 현실이다. 그래도 어쩌겠나. 안팎으로 바쁘고 힘들고 내 맘대로 굴러가는 게 단 하나도 없지만 그래서 더 용기가 필요하다.

꿈을 꾸고 도전하는 것을 멈추지 말자. 일도, 싸움도. 도움을 받는 것도, 배려를 하는 것도 망설이거나 미루지 말자. 그래야 엄마나 아내가 아닌 진정한 '나'로 살 수 있다.

라이브 커머스, 그 무한한 블루오션

라이브 커머스를 진행하다 보면 참 많은 브랜드 관계자들과 소통하게 된다. 사회적 트렌드의 최전선에 있기 때문에 SNS 관련 사업이나 마케팅에도 자연스럽게 눈을 뜨게 된다.

앞에서도 이야기했지만, 사실 나는 SNS 활동이라는 것이 관종이나 하는 거라 생각했다. 내 셀카 사진을 남들에게 보란 듯이

자랑스럽게 올리는 것도 남부끄러웠다. SNS 트렌드와는 참 거리가 먼 사람, 그게 나였다.

하지만 우연히 쇼호스트 아카데미에 다니면서 유통의 최전선에서 일하게 되었다. 변화가 굉장히 빠른 라이브 커머스를 진행하다 보니 SNS를 왜 활용해야 하는지 어떻게 활용해야 하는지를 알게 되었다. 시야가 넓어지고 마인드와 에티튜드 자체가 달라지는 것도 느낀다.

브랜드 측에서는 현업에서 활발히 활동 중인 방송인들에 대한 선호도가 높은 편이다. 마케팅 효과가 상대적으로 더 크니까. 협찬 진행을 해도 방송을 많이 하는 방송인을 좋아한다. 인플루언서 마케팅을 한다 해도 '방송하는 인플루언서', 공구를 진행한다 해도 '방송하는 공구 셀러'가 더 인기 있다.

게다가 여러 방송인들 중에서도 특히 쇼호스트를 더 찾는다. 업체마다 쇼호스트를 섭외하려고 난리난 이유!! 그건 바로 쇼호스트들이 제품에 대해 늘 공부하고 소구 포인트를 잘 찾는 사람들이기 때문일 것이다. 우리가 매일같이 공구나 협찬 관련 DM을 받는 이유도 그 때문이다. 그만큼 수요가 많다는 뜻이며, 쇼호스트의 공급은 또 그만큼 부족하다는 뜻이다. 홍보 마케팅을 원하는 업체는 '바로 나'를 원하고 있었다. 더 재밌는 사실은, 방송 진행을 했던 브랜드에서 공구나 협찬을 이어서 제안하는 경우가 많다는 것이다. 방송 진행에 대한 만족도가 높다 보니 지속적인 광고 효과를 업체 쪽에서 더 원한다.

이처럼 모바일 전문 쇼호스트는 본래의 업무인 방송 진행 말고도 모바일로 진행하는 거의 대부분의 마케팅을 효과적으로 할 수 있다. 모바일로 할 수 있는 마케팅 전략에서 최고의 모델이다.

지난 1~2년 사이에 모바일 시장은 그 어떤 시장보다 괄목할 만한 성장을 해왔다. 뛰어들어 보니 정말 빠른 속도로 변화해가고 있다는 것을 체감한다. 또 전혀 생각지 못했던 방향이 보이기도 한다. 하면 할수록 기회가 많다는 것도 절실히 느낀다. 돈 벌고 싶은 육아맘들이여, 모바일 시장을 보라. 이 무한한 시장이 당신에게 활짝 열려 있다.

실제로 나와 두 아이의 일상을 담고 싶다는 유튜브 회사에서도 여러 번 제안을 받기도 했다. 프로페셔널한 특수 직종에 대한 이야기도 담고, 두 남매와 함께 하는 평범한 옆집 언니같은 일상적인 보통 엄마의 모습도 보여줄 수 있으니, 그들에게는 내가 유튜버로서도 꽤나 매력적인 콘텐츠인 것 같다.

또한 어느 날에는 기자님이 연락이 왔다. 아무런 일면식이 없

bnt NEWS
⚙ 언론사 선택 기능

bnt뉴스 라이브 커머스 연중 기획
[쇼핑 라이브, 승자와 도전자들⑦]
'라이브 커머스 쇼호스트'의 세계..
도전과 성공, 프로페셔널들은 다르
다.. '경단녀 완전 극복 호텔판매 최
강 쇼호스트 김지혜(35세)'

입력 2021. 09. 24. 16:06   수정 2021. 09. 24. 16:44

 1 💬 0

**- 주부이며 경력 단절 여성으로 쇼호스트에 도전장을
내게 된 계기는 무엇인가요?**

계속된 살림과 육아에 정신이 없는 가운데에서도 저
자신의 일에 대한 갈증이 많았습니다.
사실 아이 둘 엄마가 그것도 아직 너무 어려서 더욱

는 기자님이었는데 본인이 기삿감으로 찾는 모델이라고 하셨다. 경력 단절이었다가 쇼호스트로 활동하고 있는 스토리가 궁금하다고 했다. '기획 기사로 쓰고 싶은데 나의 이야기를 들려줄 수 있겠느냐, 기사로 실어도 되겠느냐'라는 섭외 연락이었다. 당연히 내게는 좋은 기회였고 또 하나의 재밌는 일이 될 것 같아 흔쾌히 응했다. 나의 스토리를 들은 기자님은 너무 재밌는 스토리라며, 나와 같이 경력 단절을 겪는 주부들에게 많은 영감을 줄 수 있을 것 같다고 좋아하셨다. 덕분에 단독으로 기사 사이즈가 커졌다.

내가 새로운 일에 도전하기 전 경력 단절인 상태로 아이들만 붙들고 무기력해 있었다면 인터넷 포털에 내 이름이 단독으로 크게 올라간 기획 기사가 실리는 일을 상상할 수나 있었을까? 평범한 주부의 삶에 안주하지 않고 실패를 거듭하며 새로운 일을 찾아나섰더니 많은 기회가 나를 찾아와준 것이다.

빠른 속도로 변화하는 시대다. 과거에 내가 알던 지식만으로 계속 먹고 살기는 어렵다. 새로운 것을 배우고, 새로운 것에 도전해야 하는 게 옳다. 라이브 커머스 세상은 특히 육아맘들에게 분명히 좋은 선택이 될 수 있을 것이다.

꿈에 대하여

독박육아 때문에 시도조차 못한 채 망설이고 있다면

육아를 하다 보면 아이가 아프거나 스케줄이 꼬이거나 갑자기 변수가 생기기 마련이다. 당연하다. 그럴 때, 대부분의 워킹맘들은 당장이라도 일을 그만둘까 고민하게 된다. 그러나 당황스럽고 어찌할 바를 모르겠고 힘들지라도 절대 충동적으로 일을 그만두지 않았으면 좋겠다.

주변에 나를 도와줄 수 있는 사람들을 적극적으로 찾아보고 도움을 청하자. 망설이지 말자. 남편이든, 시집이든, 친정이든, 이웃이든 적극 활용하자. 급할 때는 누구에게라도 손을 내미는 게 당연한 거다. 독박육아에 무너져 일을 포기해선 안 된다. 나 같은 경우에도 남편은 사업하느라 바빴기 때문에 육아는 오롯이 혼자의 몫이었다. 친정도 멀리 있었고 아이가 나만 찾는 엄마 바라기였기에 시댁에 맡기는 것도 어려웠다. 그래서 내가 선택했던 방법은 육아 품앗이였다. 프리랜서였기에 가능했다. 대부분 하원 전에 일을 끝내고 왔고 그래도 밤에 스케줄이 잡힐 때면 아이 친구 엄마에게 부탁했다. 물론 나도 일이 없는 날에는 대신 아이를 돌봐주며 함께 상부상조했다.

아이를 낳고 일을 하면 여기저기 눈치볼 일이 많다. 아이 낳은 게 죄도 아닌데 아이 맡길 곳이 없어 동동거리고 맡긴다 해도 죄인된 심정으로 '을'이 되어버린다. 그러다 결국 꿈도 포기하고, 일도 그만두어야 하는 엄마들의 현실. 경력 단절로 가는 길목에서 나는 그들의 손을 잡아주고 싶다. 라이브 커머스 쇼호스트가 매력적인 이유는 이런 면이다. 아이를 내 손으로 키우고 싶은 엄마들의 마음, 나 역시도 그렇다. 그래서 이 직업이 정말 매력적이라 생각한다. 내가 원하는 시간을 선택할 수 있기 때문에 아이 등원을 직접 시키고 중간에 일을 하고 다시 돌아와 하원시킬 수가 있었다. 물론 매번 그럴 수 있는 건 아니지만 어쩌다 저녁 늦게 스

케줄이 잡힐 때면 꿈을 응원해주는 남편과 시댁 도움도 받았다.

늘 바쁘고 피곤하다는 남편들에게도 화내지 말고 다정한 말투로 진심을 전해보자. 꿈에 대해 자주 이야기하자. 정말 바쁜 남편도 나의 진심에 변화했고 나의 꿈을 지지해주고 응원해주었다. 남편 덕분에 여기까지 올 수 있었다. 정말 바뀔 수 없는 상황인 것 같아도 절실하게 바꾸려고 매달리면 반드시 변화될 수 있다. 크고 작은 여러 고비들 앞에서도 부디 꿈을 포기하지 말자. 아이들의 꿈도, 나의 꿈도! 엄마가 긍정적으로 노력하면 아이들도 긍정적으로 잘 자라게 되어 있다. 긍정의 힘을 먹고 아이들은 훌쩍훌쩍 클 것이고, 아이들이 크는 걸 보면서 엄마도 성장할 것이다. 그 기적을 믿고 꿈을 향해 가자.

말투와 태도를 바꾸는 것은

아나운서를 하며 습관화된 말투 때문인지 평상시 말투도 부드러운 편이다. 그런데 주변 엄마들로부터 이런 말투가 부럽다는 말을 자주 듣는다. 나를 보고 아이와 남편을 대하는 자신의 태도나 말투도 달라졌다는 사람들이 여럿 있었다. 처음엔 당황스러웠다. 의식적으로 한 행동이 아니었기 때문에 나 스스로는 잘 느끼지 못했던 부분이었다.

사실 겉으로 드러나는 말투와 태도는 마음에서부터 나오는 게 아닐까 싶다. 자신의 마음이 편안하지 않고 지옥 같다면 누구에겐들 부드럽게 말할 수 있을까? 공자님 부처님이라도 그건 어려울 거다. 자신의 마음을 돌보고 단단하게 자존감을 지켜내야 타인에 대한 너그러움도 가능하다.

집에서 온종일 아이 하고만 있다 보면 자신을 돌보기가 쉽지 않다. 뭐든 아이에게 맞추다 보면 나를 위한 한 끼조차 제대로 챙기기 어렵다.

"아이들 유치원 보내놓고 혼자 밥 먹고 커피 한 잔 마시는 게 최고의 휴식이에요. 그나마도 유치원을 가니까 겨우 가능한 거죠. 부랴부랴 청소하고 빨래하고 소소한 일들을 정리하다 보면 금방 하원 시간이 돼요. 애들 간식 챙겨 먹이고 이것저것 뒤치다꺼리해주다가 저녁하고. 늘 쳇바퀴처럼 똑같은 하루를 보내요. 나를 위한 투자나 내 꿈에 대한 고민은 아예 놓아버린 채 지낸 것 같아요."

무기력과 타성은 가장 무서운 적이다. 내가 임신과 출산을 겪으면서도 악착같이 일을 놓치 않으려고 애썼던 이유도 바로 그 때문이었다. 일에 대한 열정은 나를 사랑하고 존중하는 나 나름의 방식이었다. 일은 나의 존재감을 확인시켜주고, 자존감을 커나가게 하는 씨앗이다. 그러니 상황과 환경을 원망하며 너무 쉽게 일을 포기하지는 말자. 파트 타임의 일이든, 프리랜서든 일의 사이즈나 돈의 액수보다 중요한 건 일 그 자체가 가지고 있는 생산성이다. 그 생산성이 나 자신을 쓸모 있는 사람이라 여기게 해준다.

일을 시작하겠다고 마음먹었다면 말투와 태도부터 바꿔보자. 톡톡 쏘는 말투, 짜증내는 말투, 빈정거리는 말투를 조심해야 한다. 소리지르는 습관이나 남의 말을 끝까지 듣지 않는 태도도 고치는 것이 좋다. 특히 사회적 언어에 서툴고 유아적 말투가 굳어진 사람들이 있는데 이런 말투는 사회생활에도 마이너스다. 말투가 바뀌면 대화법도 달라진다. 남편이나 아이들과의 관계도 좋아질 것이다. 이런 노력은 타인을 위한 게 아니라 나 자신을 위한 것임을 잊지 말자.

조금 부지런히 움직여 자신을 가꾸는 시간도 꼭 갖자. 내가 좋아하는 것, 내가 하고 싶은 것을 외면하거나 놓치지 말자. 특히 전업맘들은 육아 때문에 어쩔 수 없다고 너무 많은 걸 포기하는 경향이 있다. 희생은 결국 남편과 아이들에 대한 원망으로 이어지기 마련이다. 육아 때문에 어쩔 수 없다고 상황을 탓하지 말고 힘을 내보자. 자신의 마음을 들여다보는 일을 게을리해서는 안 된다. 혹시라도 내가 너무 아이와 남편에게만 몰두해 있는 건 아닌지 돌아보자. 나의 꿈, 나의 취향, 나의 일에 대해 고민하고 집중해야 '더 나은 나'로 살 수 있다. 이런 시간이 쌓이고 자신감이 붙어야 무기력과 안주하려는 마음에서 벗어나 어떤 일이든 시작할 수 있다.

누군가의 롤모델이 된다는 것

언젠가 어떤 육아맘은 내가 일도, 육아도, 자신을 가꾸는 것도 어느 것 하나 소홀함 없이 해내는 게 부러워서 연예인의 사생활을 들여다보듯 나의 SNS를 팔로우해서 샅샅이 보았다고 말했다. 딸아이의 친구 엄마였는데 나를 누군가의 엄마가 아닌 '이와정'으로 봐주었다. 나의 내면적인 가치관이나 정서는 말할 것도 없이 헤어나 메이크업 등 스타일링에 대해서도 관심이 많았다. 옷이나 화장품 등을 골라주며 큰 돈 들이지 않고도 외모를 가꾸는 노하우를 나누기도 했다. 그러다 보니 주변에 일과 육아부터 뷰티 스타일링까지 이것저것 물어오는 사람들이 하나둘씩 늘어났다. 그들은 농담처럼 "차라리 클래스를 열어 달라."는 이야기를 종종 하곤 했다. 나의 경험과 일상이 누군가에게 닮고 싶은 롤모델이 되고 도움이 된다는 것은 생각보다 뿌듯하고 기분 좋은 일이었다.

주변 엄마들이 가지는 궁금증 가운데 큰 부분을 차지했던 것은 SNS 운영에 관한 것이었다. 아이를 낳은 후 시작했던 인스타는 나에게 큰 변화를 가져다주었다. 특히 라이브 커머스 시장이 커지면서 내 계정은 더욱 빛을 발휘했다. 방송 제안도 거의 인스타 DM을 통해 들어왔다. 아무래도 거의 매일 포스팅하다 보니까 노출 빈도수가 컸으리라. 인스타는 사적인 기록이나 바깥세상과의 소통 의미도 있지만 더 넓게는 비즈니스 창구 역할도 톡톡히 한다. 이 점을 꼭 기억했으면 좋겠다.

SNS를 할 때는 가급적 콘셉트를 정해서 꾸준히 하는 게 좋다. 아무 생각 없이 잡다하게 올리는 것보다는 주제와 통일성을 가지고 사진 퀄리티에도 신경 써서 업로드하려는 노력이 필요하다.

'에이, 그냥 오프라인 친구들 몇몇 하고 소식 주고받으려고 하는 거지. 내가 무슨 인플루언서가 되겠어?'

이렇게 생각하고 접근하면 딱 그만큼밖에 못한다. 두려움도 큰 장애다. 남들이 악플을 달면 어쩌나, 관종이라고 흉보지 않을까 등등 온갖 걱정과 두려움으로 맨날 하늘 사진이나 커피 사진만 올리는 건 큰 의미가 없다. 평범했던 나도 SNS 계정 하나로 수익을 내는 길을 찾았다. 이 글을 읽는 독자들 역시 못할 이유가 전혀 없다.

인스타 계정을 키워야겠다고 마음먹은 후 내가 가장 먼저 한 것은 '예뻐지는 아내'라는 닉네임으로 사업자 계정을 만든 것이다. 처음부터 아나운서라는 타이틀로 접근하는 건 부담스러워 아이 엄마라는 내 삶을 소소하게 드러내며 육아맘들을 위한 정보를 올려보기로 했다. 사업자등록증을 받은 날, 왠지 마음이 찡했다. 어렵지도 않고 참 간단한 일인데도 왜 그렇게 번거롭다고 생각하고 미루었는지 후회가 됐다.

생각을 행동으로 옮기지 않으면 아무것도 달라지지 않는다. 사업자 계정을 만들자마자 인스타 운영 노하우를 배우는 강의를 찾아들었다. 매일 피드와 스토리를 업로드하면서 사람들과 소통하는 데 집중했다. 내 콘텐츠와 유사한 해스태그를 단 비슷한 피드에 가서 포스팅도 참고하고 좋아요도 누르고 댓글도 달았다. 시간이 지날수록 팔로워가 자연스럽게 늘기 시작했다.

우리 가족은 주말마다 자주 여행을 다녔다. 여행지에서 우리가 묵었던 숙소 정보도 피드에 꼼꼼하게 올렸다. 숙소의 후기와 호캉스를 하면서 알게 된 세세한 정보는 특히 호응이 아주 좋았다. 아이와 함께 놀기 좋은 주변 장소에 대한 정보로 큰 도움을 받았다는 댓글과 DM을 많이 받았다.

'예뻐지는 아내'라는 이름처럼 자신을 가꾸고 돌보고 싶은 육아맘들을 위한 뷰티 제품도 꾸준히 소개했다. 물론 매일 알짜 정보들을 모으고 사진 찍고 글 쓰는 게 쉽지는 않았다. 그러나 큰 그림을 그리며 방향성을 잃지 않도록 애썼다. 인스타 특성상 사진을 예쁘게 찍는 스킬도 꾸준히 연습했다. 덕분에 주부이고 아이엄마였지만 팬덤을 만들어갔고, 첫 공구도 시작할 수 있었다. 평범한 아이 엄마라는 타이틀에 비해 판매 실적도 높은 편이었다. 매번 모든 공구를 성공했던 건 아니지만, 실패조차 나에게는 소중한 경험이었다.

기초 메이크업 제품을 파는 라이브 커머스 방송을 진행하면서 민낯으로 카메라 앞에 서기도 했다. 늘 '풀 메이크업'을 한 완벽한 모습만을 보여주다가 화장을 다 지우고 기초 메이크업 제품을 홍보하는 게 나로서는 쉽지 않은 결정이었다. 그러나 제품을 위해서라면 이 또한 내려놓자고 과감히 결정했고, 결과는 성공적이었다. 도전에 대한 갈망은 여기서 끝나지 않았다.

마리끌레르라는 큰 매거진 회사에서 홍보 인플루언서를 뽑는 글이 올라와 지원했다. 1차 동영상 제작 면접부터 2차 온라인 투표, 3차 편집장님 면접까지 나에게 찾아온 소중한 기회라고 생각했고 거침없이 도전해서 큰 경쟁률을 뚫고 최종 5인 안에 들게 되었다. 그곳에서의 활동으로 큰 브랜드들의 방송은 물론 제품 리뷰, 콘텐츠 제작 등 다양한 활동을 경험하게 되었다.

매 순간이 도전의 연속이었던 지난 5년. 이제는 브랜드 측에서 먼저 나를 찾는다. 누구나 알 만한 백화점 브랜드 매장에서도 인플루언서 마케팅에 공을 들이는데, 나에게도 좋은 제안들이 많이 온다. 판매 홍보하는 제품을 제공해주는 것은 물론, 광고비도 받는다. 브랜드에서 가장 원하는 인플루언서의 조건이 '팬덤을 형성하고 있는 진행자'이고, 그 조건에 최적화된 사람이 바로 나라며 찾아온다. 아직도 얼떨떨하고 신기하다. 꿈을 꾸고, 실행에 옮겼기에 가능한 일이다. 도전하고 시작하지 않았다면 이루지 못했을 결과다.

하루아침에 누군가의 롤모델이 되는 건 결코 아니다. 현실에 안주해 있으면 아무것도 얻지 못한다. 길이 보이지 않더라도 길을 나서자. 내가 운동화 끈을 단단히 조이고 가보지 않은 길을 걸을 때, 나를 롤모델 삼아 따르고 싶어하는 사람들이 뒤를 이을 것이다.

나무에서 감이 떨어지기만을 바란다고 감이 내 손에 쥐어지지 않는다. 내 손으로 직접 따야 내 것이 된다. 자기 일을 스스로 결정하고 용기 있게 선택하길 바란다. 꿈을 향해 한 걸음 한 걸음 내딛다 보면 언젠가 원하는 곳에 닿아 있을 것이다.

육아맘, 라이브 커머스로 월 천 버는 법

2022년 3월 15일 초판 1쇄 펴냄

지은이 김지혜·이와정
발행인 김산환
책임편집 윤소영
디자인 제이
펴낸 곳 꿈의지도
인쇄 다라니
출력 태산아이
종이 월드페이퍼

주소 경기도 파주시 경의로 1100, 604호
전화 070-7535-9416
팩스 031-947-1530
홈페이지 www.dreammap.co.kr
출판등록 2009년 10월 12일 제82호

ISBN 979-11-6762-018-7

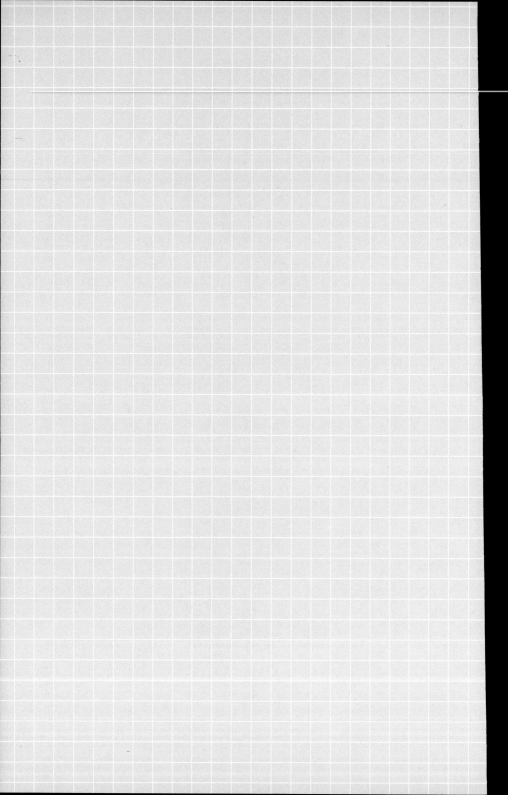